I

Je me tenais sur deux morceaux de briques superposés et regardais, ahuri, le spectacle. Des coups de klaxon se firent entendre. L'euphorie du public engendra une bousculade indescriptible. Cette immense foule se divisa en deux grands blocs. Une piste apparaissait progressivement entre eux. J'y aperçus une tête aux cheveux gris, protégée par trois autres qui portaient des chapeaux. Des hommes en armes passèrent en avant pour forcer le passage. La voie s'ouvrit enfin, après un long moment de bras de fer avec la foule. Là, apparut afin l'homme, habillé d'un tee-shirt à l'effigie de son parti. Il était ovationné pendant tout ce temps par ses fans : « président, président, président… » !

Ah ! La pêche aux électeurs, et ses corollaires de fanatisme et d'espérance. Avec un large sourire, Aska traversa la foule en tendant la main aux spectateurs. C'était un grand jour pour lui ; il n'était pas donné à tous de mobiliser un monde pareil.

Le chef de l'État, comme lors des précédentes campagnes électorales, vint dans ce quartier pour solliciter le soutien de la population pendant les élections présidentielles. C'était à cette occasion que les habitants profitaient des quelques billets de circonstance qui leur étaient distribués. Conscient de cette situation, Aska, président de la République du Mindanh, vint avec des tonnes de riz. À la vue des deux camions remorques, des cris de joie se firent entendre. L'ordre fut donné par le chef de quartier pour que place lui soit faite. En un clin d'œil, une haie se dressa des deux côtés de la piste jusqu'à l'estrade. Des pagnes furent déposés sur son passage en guise de tapis rouge. Dame Djué, une grosse femme réputée pour ses chants, entonna des éloges : « Si tu ne le connais pas, il s'appelle Aska, le dieu des pauvres. Aska, celui qui a toujours la main chargée d'espoir pour toi. Il est là encore aujourd'hui pour t'apporter la vie. Il est juste et bon de lui rendre hommage… ».

Aska de son siège sur l'estrade, jeta un regard panoramique sur la foule à ses pieds, puis se tint debout, leva les deux mains, et les balança de gauche à droite. La population regardait ce geste majestueux du président puis en faisait autant. Après cette mise en train, le président se tint à la barre : « *Chers parents, chers frères et sœurs, ma visite aujourd'hui chez vous n'est qu'une simple communion fraternelle. J'ai estimé bon de venir voir mes parents de Biboh, les saluer, échanger avec eux, m'imprégner de leurs problèmes en vue de leur venir en aide. Vous savez bien que je ne viens jamais ici les mains vides. D'ailleurs, si je le fais un jour, chassez-moi ; chassez-moi, car mes biens sont les vôtres. Ce serait injuste, à mon sens, de jouir de toute cette richesse sans penser à vous. Les deux camions que vous voyez attestent mes propos. Mais l'objet de ma visite, c'est aussi l'événement majeur que vous connaissez. Je sais que sans vous, je ne serais pas à la tête de ce pays. Je compte encore, après quarante ans passés au pouvoir, rester pour votre bien-être. Il faut que Biboh soit un quartier aussi beau que les autres. Vous avez vu les engins Caterpillar sur la voie principale ! Les travaux vont bientôt commencer. Toutes les rues seront bitumées. Des espaces verts seront créés pour vous permettre de prendre l'air. Un complexe sportif est en cours de construction pour permettre à nos enfants de s'épanouir. Un centre culturel sera également construit. Au lieu d'aller jusqu'au quartier résidentiel pour vos soins, vous aurez un centre hospitalier ici même. Nous avons déjà la maquette, que je vais vous présenter à la fin de mon intervention. Le site est déjà déterminé et les travaux commenceront bientôt. Vous savez que tous ces projets ne pourront voir le jour que si je reste encore à mon poste. Alors, chers parents, je compte sur vous pour mieux faire. Si je reste au pouvoir, vous verrez que votre quartier, en quelques mois, sera un vaste chantier. Je vous tends la perche, à vous de la saisir, pour qu'ensemble nous vivions le bonheur. En attendant, comme nous avons coutume de le faire à chaque campagne électorale, je vous invite le mois prochain à la cérémonie solennelle de la campagne, sur la place de la Paix. Il y aura à boire et à manger, comme d'habitude. Je vous remercie ».*

Un tonnerre d'applaudissements se fit entendre. La joie se lisait sur le visage des habitants de ce quartier précaire de Kobla, la capitale du Mindanh. L'espoir était permis. Biboh pourrait devenir un beau quartier comme les autres. Un silence fit place au vacarme quand Anugah, le chef de quartier, prit la parole : « *Monsieur le président de la République, tous les habitants de Biboh, par ma voix, vous remercient pour l'intérêt que vous accordez à notre modeste quartier. D'ailleurs, nous vous devons son existence, car nous savons combien de fois des gens ont demandé que nous quittions ce lieu, mais grâce à votre magnanimité, Biboh est là. Merci, Monsieur le président. Comme un bon père, vous avez toujours quelque chose pour nous quand vous décidez de nous rendre visite. Nous vous en remercions. Comme vous l'avez constaté, habituellement, nous prenons la parole avant vous. Mais aujourd'hui, nous avons fait le contraire, car nous savons que vous connaissez nos problèmes et que vous êtes en train de prendre des résolutions pour les résoudre. Nous vous remercions encore pour cela. Sachant que vous êtes à pied d'œuvre pour la rénovation de notre quartier, il n'y a pas de raison pour que cette population ne vous donne pas sa voix. Sachez qu'en toutes circonstances, vous avez le soutien indéfectible de Biboh. Soyez également assuré de notre présence à vos côtés sur la place de la Paix le mois prochain, comme vous l'avez indiqué. Encore une fois, merci, et que Dieu vous garde longtemps à la tête de ce pays, pour que vivent les filles et les fils de la République du Mindanh ».*

Des applaudissements et des cris se firent une fois encore entendre en guise d'approbation des propos du chef.

Toute cette scène se passait sous le regard de Nsi, un des fondateurs du quartier. Menton dans la paume, coude sur le genou, il suivait cette scène avec désintérêt. Il était le seul de sa génération qui était encore en vie. Il avait vu plusieurs de sa génération mourir d'infections dues à la pollution. L'homme de quatre-vingt-cinq ans avait encore la mémoire fraîche. Ce vaste faubourg avait connu assez de difficultés. Toutes les rues étaient l'œuvre des habitants eux-mêmes. Nsi en savait beaucoup. Un quartier enclavé entre les grandes villas de la capitale, Biboh, était le dépotoir de la ville. Les canalisations d'eau usée convergeaient vers le canal principal qui traversait cette portion de terre considérée comme une zone à risque. Des voies de fortunes ouvertes par les habitants eux-mêmes servaient de rues. Le politique y avait au fil des années installé des lampadaires, qui n'existaient que de nom. Biboh n'avait d'électricité que la journée. Une fois la nuit tombée, le quartier plongeait dans l'obscurité. Il fallait fournir une intensité plus puissante au reste de la ville. Pour ce faire, l'énergie devrait être retirée de Biboh. Biboh baignait année après année dans la puanteur provenant du canal d'eau usée qui le traversait. Les habitants en avaient connu de toutes sortes d'infection. À cette époque d'épidémie, les autorités leur reprochaient la négligence de leur cadre de vie, sans toutefois chercher les causes. C'est grâce à l'aide de l'ONG "Santé du modeste citoyen" que l'on avait découvert l'effet néfaste du canal d'eau usée sur l'environnement et la vie de la population. Le choléra avait duré deux ans dans ce quartier, semant désolation et mort dans les familles. Grâce à cette ONG, plusieurs enfants du quartier avaient été sauvés de cette épidémie. Bakanh, le petit-fils de Nsi, en faisait partie. Cet enfant fut la fierté de l'octogénaire. Il venait de finir ses études à l'étranger et viendrait bientôt. C'était à l'issue de cette triste période que l'ONG l'avait envoyé en occident, où il était resté pour étudier. À cette époque, la gravité de l'épidémie ayant eu des échos dans le monde entier, le gouvernement avait pris la décision de couvrir le canal. Mais ce n'était que du fil barbelé dressé de part et d'autre afin d'éviter que la population aille au contact de l'eau polluée.

La gestion des ordures était l'un des défis majeurs du quartier. Le camion de collecte d'ordures y passait quelques rares fois à cause de l'état défectueux des rues. Sinon chacun se débarrassait de ses déchets selon ses capacités. Ceux qui avaient les moyens financiers payaient des éboueurs pour faire le ménage, pendant que les plus courageux creusaient des trous pour y enfouir les ordures. Malheureusement, la grande partie de ces tas d'immondices jonchaient les ruelles. Pendant la saison sèche, le quartier baignait dans un nuage épais de fumée ; il fallait incinérer les ordures pour s'en débarrasser. Les habitants avaient su adopter ces déchets, qui en contrepartie distribuaient la fièvre typhoïde, la fièvre jaune, la méningite, le choléra.

La vie, à Biboh, était infernale. Une sorte de jungle en pleine ville. Chacun devrait lutter pour sa survie. Tous les moyens étaient bons pour réussir : vol, viol, braquage, assassinat étaient les identifiants de ce bidonville. Le jeune homme se livrait à la consommation d'alcool et de drogue, deux excitants qui lui permettaient d'aller à la recherche de son pain quotidien. Quant à la jeune fille, elle avait un moyen plus stratégique : elle avait plusieurs petits amis. Elle élaborait son agenda de sorte que ces hommes ne se rencontrent pas et ne se connaissent jamais. Elle faisait tout pour être la femme idéale à leurs yeux. Elle avait plusieurs numéros de téléphone et chaque numéro correspondait à l'un de ses hommes. Lorsqu'elle rassemblait les rations qui lui étaient versées par jour, elle en tirait une très grande fortune. Certaines le faisaient pour entretenir toute la famille. Pour cette raison certains parents encourageaient cette pratique. Il n'y avait rien à manger, l'espoir ne reposait que sur ces jeunes et charmantes filles qui, grâce à leurs nombreux petits amis, pouvaient rapporter de la nourriture de leurs promenades. L'on se souvenait encore de ces bagarres rangées entre la jeunesse du bidonville et celle du quartier résidentiel, qui se perpétuaient au fil des années. La cohabitation de la richesse et de la pauvreté engendrait toujours des étincelles, qui ne pouvaient être apaisées que par les forces de l'ordre. Leurs interventions étaient ciblées ; le pauvre n'avait jamais raison. La jeunesse de Biboh subissait l'agression abusive de la police lorsqu'il y avait affrontement. À quand le dénouement, si la complémentarité entre les deux couches sociales était évidente et indispensable ? Nul n'ignorait que les nantis avait besoin des services des démunis et que les démunis, à leur tour, avaient besoin du salaire qui leur était payé après avoir offert leur force de travail.

Aska partit de Biboh convaincu du soutien des habitants. Son passage dans cette cité laissa une trace indélébile. Tout le monde ne parlait que de lui. De tous les candidats qui y étaient passés, il n'y avait que lui qui avait fait des dons assez considérables. L'homme au pouvoir et du pouvoir était donc à la tête des sondages.

La cérémonie solennelle de la campagne, comme annoncé, se tenait sur la place de la Paix, le plus grand espace de la capitale. Cet espace avait été baptisé « place de la Paix » suite au litige qui avait opposé propriétaires terriens et industriels. Les autorités avaient, dans leur politique d'industrialisation du pays, attribué certains territoires aux opérateurs économiques qui comptaient implanter des usines à Kobla, la capitale. Le gouvernement d'alors avait pris cette décision sans associer le peuple koblahui, qui héritait cette terre de ses ancêtres. Dépossédé de sa seule richesse, le village de Kobla, qui constituait le cœur de la capitale, avait été réduit en ruine, détruisant la mémoire d'un peuple souverain, au nom du modernisme.

Nsi avait été profondément marqué par cette histoire, qu'il ne se lassait jamais de raconter aux jeunes : au petit matin d'un lundi, au moment où la nuit commençait à lever son lourd et épais sommeil sur Kobla, des monstres de ferraille surgirent de nulle part puis enfoncèrent leurs dents géantes dans les murs argileux des modestes habitations du quartier. L'autorité prit sa décision, elle l'appliqua en semant le désarroi dans le cœur d'un peuple inoffensif et courtois, qui n'aspirait à rien d'autre qu'à la quiétude et à la reconnaissance de ses droits. Armés de gourdins, de machettes et de pierres, vieux et jeunes ruèrent sur les exécuteurs de l'opération pour se venger. Ils se retirèrent quelques minutes après, laissant au sol des corps sans vie. Certains mirent le feu aux machines destructrices. La réplique des forces de l'ordre fut fatale. Plusieurs Koblahuis eurent des blessures graves, d'autres moururent. L'acte de barbarie des soldats provoqua un mécontentement général. Des soulèvements populaires eurent lieu dans tout le pays. Aska appela les belligérants au palais pour un consensus, afin de calmer les ardeurs de la population. Au sortir de cette réunion, il fut convenu de reloger les Koblahuis ayant subi ces exactions, puis de trouver un autre site pour l'entreprise. Le site de l'affrontement fut transformé en un grand espace de recueillement des citoyens de Kobla. Un bel espace au centre duquel l'emblème du pays, dominé par deux statues de colombe, fut érigé pour symboliser la paix. C'était ce lieu qui accueillait la plupart des grandes manifestations de la capitale.

Dès six heures du matin, Kobla était en ébullition. Une immense foule convergeait en un mouvement de fourmilière vers l'espace mythique de la ville. Cette cérémonie, telle une cérémonie de fête nationale, était l'occasion pour chacun de témoigner sa fidélité au président. Une longue file d'attente se dressait à l'entrée. Les agents des forces de l'ordre chargés de la sécurité et du maintien de l'ordre venaient de boucler l'espace d'un étanche rideau de militaire.

Aska avait coutume de confier cette tâche à l'armée, à cause de sa rigueur dans le travail. Pour lui, le maintien de l'ordre et de la sécurité dans de telles circonstances devrait être assuré par l'armée. De tous les corps d'activité du pays, les forces de l'ordre étaient les mieux payées. Le pouvoir les entretenait avec application pour qu'ils puissent mieux faire leur travail. Tous les officiers généraux étaient des hommes de confiance. Ils avaient été spécialement formés pour la cause.

Une sirène perçante se fit entendre. Un motard fit une ronde sur les lieux puis repartit. La foule, sous les bâches, poussa des cris de joie pour saluer le spectacle.

Avant l'arrivée d'Aska à chaque cérémonie, un motard éclaireur venait faire un tour de reconnaissance des lieux pour s'assurer que tout est en ordre. « *La communication par radio est efficace. Cependant, la confiance n'exclut pas le contrôle* », répond-il aux journalistes lors d'un entretien. La sirène retentit à nouveau, cette fois suivie du cortège présidentiel. Le véhicule d'Aska stationna juste au niveau du tapis rouge. Sa garde rapprochée se déploya tout le long de son itinéraire jusqu'à l'estrade. Le président sortit de sa voiture après s'être assuré de la sécurisation du périmètre. Tête levée, il jeta un regard autour de lui puis posa majestueusement son pied sur le tapis rouge. « *Monsieur le président !* », annonça le maître de cérémonie. Tout le monde se tint debout. Des applaudissements et cris de joie surgirent de toutes parts. Il marcha à pas calculés, regard fixé sur la foule, les mains en agitation pour saluer l'assistance. Tout cela, couronné d'un large sourire pour marquer sa satisfaction. Il fit le tour d'honneur puis s'arrêta au bas de l'estrade, pieds joints, tête légèrement levée vers le drapeau du parti. L'hymne du parti fut entonné par la garde Présidentielle. Tout le monde chanta à haute et vive voix. On se croirait dans un stade de football. Le cantique se termina avec des cris, des applaudissements et des éloges qui durèrent plusieurs minutes. Aska eu enfin le temps de s'asseoir. Un bruit assourdissant fit subitement trembler le sol. Le maître de cérémonie rassura rapidement tout le monde. Il s'agissait d'un engin noir flottant qui traînait derrière lui un gigantesque drapeau du parti à l'effigie du président. L'hélicoptère fit plusieurs tours au-dessus de la ville en laissant tomber des petits drapeaux de la même nature. Il disparut au bout de quelque temps, laissant derrière lui des enfants dans les rues de Kobla, à la recherche de ces bouts de papier. Pendant ce temps, sur la place de la Paix, Aska levait les mains pour saluer le public qui, à la vue de l'œuvre magnifique de l'hélicoptère, s'était levé pour applaudir. Il resta dans cette position, avança vers le pupitre puis demanda à l'assistance de s'asseoir. « *Mesdames et Messieurs les invités, chers militants et militantes, je vous salue. Qu'il est bon de demeurer ensemble ! Qu'il est bon de montrer les merveilles de notre parti (la foule applaudit une fois encore) ! Ce matin, je suis très heureux de constater votre fidélité à votre parti. Chacun de vous ici est le fruit de ce parti-là. Parce que c'est ce parti qui a posé les jalons du développement dans ce pays. C'est lui qui, depuis notre ère, construit le pays. Il est juste et bon de lui être fidèle. Les uns et les autres vont toujours parler. Ils parleront toujours, parce qu'ils sont simplement assoiffés de pouvoir. Vous êtes d'accord avec moi que n'importe qui ne peut gouverner. Dieu a créé certaines personnes pour gouverner et pour construire, et d'autres pour être gouvernées. Mais à côté de cet ordre institué par notre Créateur, le diable suscite chez certains le désir de contester et détruire ; c'est ce que nous vivons de nos jours (la foule pousse des cris pour approuver ses propos). Mesdames et messieurs, ce n'était qu'une parenthèse pour dire que nous ne nous laisserons jamais distraire. Aujourd'hui, les uns et les autres se plaignent de ce que le chômage a gagné le pays. Je le sais. C'est un phénomène mondial. Il en est de même pour la cherté de la vie. Mais je vous assure que sous peu, notre pays rentrera dans une nouvelle dimension de développement. Les émissaires que nous recevons ces dernières semaines au palais, je peux vous l'assurer, sont la preuve que notre partenariat avec l'extérieur va bon train. Bientôt, plusieurs emplois seront créés. Même celui qui n'a aucun diplôme trouvera quelque chose à faire dans ce pays. L'un de mes objectifs est de permettre à chacun d'obtenir un emploi. Mais je ne me limite pas à cela ! Je compte également faire baisser les impôts afin de permettre aux opérateurs économiques de créer le maximum d'emplois, de sorte que le citoyen le moins nanti dans notre pays puisse s'épanouir. Pour cela, je suis déjà en concertation avec le ministre de l'Économie et des Finances pour voir comment appliquer ces nouvelles mesures dès le lendemain des élections. Cela profitera aussi bien à la population qu'aux opérateurs économiques. Ah ! Nos chers commerçants. Je m'adresse à vous spécialement. Je sais dans quelles conditions vous transportez vos marchandises et dans quels types de marchés vous les vendez. Nos routes sont impraticables. Mais assurez-vous, tout cela sera fini dans quelques mois ; toutes les voies principales du pays seront en chantier très bientôt. En ce qui concerne nos marchés, il en sera de même. D'ailleurs, nous avons déjà commencé par le petit marché de Kobla. Quant à nos très chers fonctionnaires, je sais combien de fois vous vous saignez pour maintenir ce pays debout. Sachez que vos efforts ne seront pas vains. Car dès mon investiture, les salaires seront revalorisés. Le monde évolue et le niveau de vie prend de l'ascension. Il est tout à fait normal d'augmenter le salaire pour que chacun puisse mieux vivre. Je sais que vous êtes tous des parents d'élèves.*

D'aucuns se poseront la question de savoir pourquoi je ne parle pas de ce qui se passe dans le milieu scolaire. Oui, notre école traverse une crise très grave, et j'en suis conscient. De la maternelle à l'université, je sais que la situation est alarmante. Mais je peux vous dire, à ce jour, que les réformes sont en cours. J'étais en réunion la semaine dernière avec le ministre en charge de ces départements et nous avons arrêté des mesures qui vont permettre à notre système éducatif de reprendre son envol. Nous ne pouvons pas tout déballer ici, mais comptez sur moi et vous verrez les choses avancer. Mes parents paysans, si je ne parle pas de vous, c'est parce que, comme vous le savez, nous nous retrouverons dans un autre cadre, où je ne parlerai que de vous et de vos problèmes. Alors, rendez-vous à Ablé à la date indiquée pour mieux parler de vos préoccupations. Notre pays a beaucoup de ressources, et ces ressources peuvent nous permettre de figurer parmi les plus grandes nations du monde. Comprenez cependant que s'il n'y a pas de stabilité, rien ne peut être possible. C'est pourquoi je demande à nos frères opposants de nous aider à construire notre pays plutôt que de contribuer à sa destruction en montant la population contre moi. Sachez attendre, car chacun a son temps. C'est mon temps de régner, laissez-moi donc travailler. S'il vous arrive d'occuper ce poste un jour, vous comprendrez que le développement ne s'acquiert pas par un simple claquement de doigt. Chers frères et sœurs, honorables invités, notre pays est sur le chemin du développement, lequel passe par les élections libres et transparentes que nous espérons remporter. Vive la démocratie, pour que vive Mindanh, je vous remercie».

Une liesse indescriptible s'empara de la foule. Chants et danses se substituèrent aux discours. Ce fut l'occasion pour chaque région de signaler sa présence à travers ses prestations artistiques. Tout ce vacarme fut interrompu par l'arrivée d'une fourgonnette chargée de nourriture. Le plat fut servi à l'assistance dans le strict respect de l'ordre, après le départ d'Aska et ses invités.

*

Ablé était la capitale du monde agricole. C'était un gros village au cœur de la forêt. C'était non seulement la plaque tournante de l'économie agricole, mais aussi un point stratégique pour les politiciens afin de s'offrir de l'électorat. Dès quatre heures du matin, les hommes et les femmes s'affairèrent çà et là pour cette journée exceptionnelle : la visite du président de la République était un privilège. Ablé se voyait honorée à travers cette visite. Tous les villages et campements environnants convergèrent vers leur capitale pour la circonstance. Chaque village vint avec des présents.

Dès huit heures du matin la place publique était bondée de monde. Chaque groupe de danse faisait sa prestation dans un temps bien défini puis laissait la place à un autre. C'était un ordre bien établi par le comité d'organisation pour éviter la cacophonie. Les enfants, pour mieux voir le spectacle, grimpèrent aux arbres pour s'installer sur les branches. Le soleil fit progressivement sa montée de routine dans le ciel. Alors que les villageois s'attendaient à un cortège de voitures et de motards, un bruit assourdissant fit trembler le village. Moutons, cabris et poulets fuirent dans tous les sens. La population, tétanisée, resta silencieuse, regard braqué d'où venait cet effrayant bruit. La machine volante passa lourdement son chemin au-dessus de la place publique, en direction du terrain de football. Les villageois y accoururent. L'hélicoptère descendit lentement, faisant vibrer le sol au rythme de son moteur. S'étant rendu compte de la présence de la foule, les gardes de corps descendirent précipitamment puis formèrent un cordon autour de l'appareil pour les empêcher de s'en approcher. Pour la première fois, les habitants d'Ablé reçurent un appareil volant sur leur sol. La curiosité des uns et des autres leur fit ignorer la présence du président. Chacun tourna enfin son regard vers lui qu'après annonce de sa présence à l'aide d'un mégaphone. Un boulevard s'ouvrit dans la foule jusqu'à la place publique. Les griots, par moments, sortaient devant lui pour soutirer quelques billets de banque en lui faisant des éloges. Au fur et à mesure qu'il avançait, le boulevard se refermait devant lui, car chacun voulait à tout prix le toucher. Une jeune fille, habillée en pagne traditionnel, le corps couvert de figures géométriques faites à l'aide de kaolin, vint aux pieds du président. Elle s'agenouilla puis lui tendit une calebasse remplie de vin de palme. Aska, d'un air majestueux, prit la boisson des deux mains, la goûta, puis la fit passer à sa délégation, qui en fit autant. La jeune fille récupéra le récipient, puis se retira au rythme expressif des tam-tams. Après les civilités, le porte-parole vint à la tribune : «

Monsieur le président de la République, le peuple de la Cité du Grenier voudrait, par ma modeste voix, vous saluer ce matin et vous souhaiter la traditionnelle bienvenue. C'est un honneur pour nous de vous recevoir, et plus encore de nous élever à un si haut rang en venant poser un avion sur notre sol. C'est vraiment un privilège que vous nous offrez. Cela témoigne de la considération que vous avez pour notre peuple. Sachez qu'à Ablé, sans même connaître l'objet de votre visite, nous vous soutenons, car c'est grâce à vous que notre région est connue de tous. Si, parmi tant de villages, c'est le nôtre que vous avez choisi, nous pensons qu'il y a de quoi vous être reconnaissant. Sans être long, je viens, par la voix de toute la population d'Ablé, vous demander les nouvelles ».

Tam-tams, sifflets, applaudissements et voix saluèrent les propos du porte-parole. Toujours sous les applaudissements du public, Aska se leva, mais il lui fut demandé de s'asseoir pour tenir son discours, car dans la grande Cité des Greniers, qui regroupait Ablé et les autres villages environnants, un roi ne se tenait pas debout pour s'adresser à son peuple. Sa souveraineté lui donnait le droit de rester assis.

« Mesdames et messieurs, chers frères et sœurs, chers parents, je vous salue. L'heure n'est pas à un discours en tant que tel. Lorsqu'on est en famille, il faut éviter les propos trop classiques. Parce que les discours, en général, limitent nos propos. Alors, je demande votre indulgence afin de me mettre dans la peau d'un fils aujourd'hui. Il faut dire, dans un premier temps, que je suis agréablement surpris à chaque fois que je viens ici. Il y a toujours quelque chose de nouveau que vous me réservez. J'ai été émerveillé par l'accueil chaleureux que vous m'avez réservé. Comme vous le savez, Ablé et sa région sont très importants dans l'économie de notre pays. Tout ce qui est matières premières agricoles et produits vivriers vient d'ici. Je peux dire que cette région est la mère nourricière de notre pays. C'est pourquoi nous ne pouvons

rien faire sans vous. Il y a de nombreuses personnes qui veulent être présidents de la République. Tout le monde parle. Mais il ne suffit pas simplement de l'être ; il en faut être capable et en même temps en assumer les charges. Parce que l'une de mes charges fondamentales, c'est de visiter mes compatriotes. Il faut mettre tout le monde sur un pied d'égalité. C'est l'objet de ma visite ce matin. Comme deuxième nouvelle, pour être fidèle à la tradition, je suis venu vous saluer et en même temps faire le point sur vos efforts pour l'évolution de notre pays et vous donner quelques perspectives. En effet, comme je le disais tantôt, votre contribution est assez grande dans l'économie du pays. L'agriculture a contribué à un taux de soixante-dix pour cent à la croissance économique. Vu cet exploit, je ne peux rester indifférent. C'est pourquoi je veux prendre certaines mesures qui pourront améliorer les conditions de vie de cette localité. Je sais que la voirie est un problème majeur ici. Il est très difficile d'accéder à Ablé par la route. Cette situation nous préoccupe assez. Si, jusque-là, je n'ai rien fait, c'est parce que je suis en train de chercher la meilleure solution, qui sera incontestablement durable. Celle qui a été trouvée agréable, c'est de créer une nouvelle voie reliant Ablé à son chef-lieu de département en gagnant une heure de route. Et plus encore, ce sera une route bitumée. Depuis la semaine dernière, l'opérateur en charge du projet a commencé les travaux à partir de la ville. Mais je ne m'arrête pas à cela ; j'ai décidé d'ériger Ablé en sous-préfecture. L'administrateur civil qui prendra fonction ici est déjà désigné. Il ne manque que sa résidence et le bâtiment qui abritera son service pour qu'il vienne. Soyez assurés que dès le lendemain des élections, tout sera mis sur pied. Pour encourager les producteurs agricoles dans leurs activités, une subvention leur sera octroyée. Il n'est pas raisonnable que ceux pour qui la Caisse agricole a été créée n'en bénéficient pas. C'est vous qui l'alimentez ; c'est le prélèvement fait sur votre avoir par production qui est reversé à la Caisse. Il est donc normal que *vous soyez soutenus avec ce fonds. Je sais qu'à une certaine période de l'année, vous n'avez plus d'argent, puisque votre chiffre d'affaires se réalise annuellement. Désormais, vous aurez trois mois de salaire minimum de cent mille francs pendant ces périodes difficiles. C'est une opération qui ne se fera pas au hasard. Vous serez recensés au sein de vos différentes coopératives. Ce cas a été minutieusement étudié et nos experts nous ont fait savoir que c'est possible de vous aider de cette façon. Sachez également que la Caisse pourra prendre l'achat de vos intrants en charge. L'agriculteur Mindanhais doit être celui des temps modernes. Si Ablé bénéficie d'une sous-préfecture, elle doit avoir un marché digne de son nom et qui se tient quotidiennement. De plus, au lieu d'un centre de santé communautaire, il y aura un centre hospitalier général et ensuite un collège. Bref ! Je ne peux pas tout citer, mais sachez qu'Ablé aura tout ce qu'il faut pour devenir une ville moderne. Mes ambitions pour vous sont grandes. Mais seule mon élection à la tête de ce pays me permettra de les réaliser. Je ne vais pas être trop long sur ce chapitre, pour ne pas donner l'impression que je fais toutes ces promesses en vue d'être élu. Ce qui est à noter, c'est que vous verrez le début de ces grands projets avant les élections. Je ne terminerai pas mon propos sans vous faire une petite surprise. C'est pourquoi je vais demander aux vingt jeunes sélectionnés d'avancer ».*

Les vingt jeunes avancèrent, chacun avec un pulvérisateur sur le dos. Les cris de joie et les bruits de tam-tam se firent entendre à nouveau. Aska descendit les marches de l'estrade et prit le micro :

« Voici le petit geste que je peux faire aujourd'hui. J'espère que ces machines pourront vraiment vous être utiles pour la bonne santé de vos plantations ».

Il appela le président de la coopérative, lui prodigua quelques conseils puis offrit solennellement les vingt machines à cette structure, qui était l'organe régulateur de la production agricole à Ablé. Les villageois, à leur tour, lui offrirent de la volaille, des moutons et des cabris. L'hélicoptère retourna à Kobla, laissant Ablé dans l'espoir immense de se voir désenclavée. Cette fois, ce serait une nouvelle voie qui serait ouverte en bravant montagnes et marécages avant de lui donner accès au reste du pays. Le bitume permettrait à Monsieur le sous-préfet de mener à bien sa mission. Cependant, Nglo, le chef-lieu de département, qui comptait cinq sous-préfectures, n'avait qu'Ablé comme village développé dans la région. Situé dans la profondeur de la forêt, il n'y avait que les campements qui constituaient ses villages. Ablé deviendrait une sous-préfecture avec ces petits campements qui se vidaient au quotidien de leurs habitants. Certains désertaient les campements pour être plus proches du centre de santé à cause des maladies opportunistes. L'hôpital d'Ablé manquait d'agents de santé qualifiés. À cela s'ajoutait le manque d'équipements. Cependant il y avait plus d'espoir à y faire ses consultations que de rester en pleine forêt sans soins.

*

Malgré les nombreux projets du Président de la république, la majorité de la population se sentait délaissé. Chaque jour qui passait était une épreuve pour les moins nantis de survenir à leur besoins. Pour cette raison, Certains intellectuels s'étaient érigés en donneurs de leçons en instruisant le peuple sur des notions comme la démocratie, droit du peuple. Face à cette redoutable démarche de ses adversaires, le président de la

République se rapprocha plus des démunis, en leur faisant de nombreuses promesses. Des observateurs, étrangers comme nationaux souhaitaient la gestion du pays par une personne dynamique et sensible aux problèmes de toutes les régions et couches sociales qui le composaient ; une personne qui aurait la parfaite connaissance des réalités du Mindanh. Quant à Aska, il estimait que son rang social et son appartenance politique lui donnaient le plein droit d'être toujours à la tête du pays.

Héritier de la famille royale, il disposait de plusieurs firmes hors du pays. Il avait également plusieurs comptes dans des banques étrangères. Son père était le premier président du pays. Il fut nommé Premier ministre lorsque son père voyait ses derniers jours approcher. Après un an à la primature, il devint président de la République à la mort de son père. Pour la formation de son gouvernement, il jugea utile que chaque ami ou frère vienne manger sa part de gâteau. Il fallait donc les nommer à des postes stratégiques du pays. C'était la meilleure méthode pour consolider son pouvoir. Le bonheur se limita donc à un groupe d'individus. Tout ce monde de charognards s'érigea en un ensemble de maillons constituant une chaîne dévoratrice des ressources du pays. Tous les moyens étaient bons pour garder son poste. Le saugrenu et la cupidité s'assemblèrent pour créer une équipe de criminels prêts à nuire à tous ceux qui feraient obstacle à leurs ambitions. Ce groupe se constitua un puissant réseau qui s'étendait jusqu'aux régions les plus reculées du pays. Toutes les richesses s'exploitaient à travers les ramifications politiciennes établies par « les hommes durs du régime ». Il existait des décideurs, des enquêteurs, des manipulateurs et des destructeurs. Cette énorme machine écrasait tout sur son passage. Personne n'avait le droit de parler, de contester, de discuter ni de dénoncer. Le peuple n'avait de solution que de murmurer face à la gouvernance discriminatoire du président. Il était même difficile de murmurer souvent. Les quartiers étaient investis par les nombreux renseignements généraux. Souvent, ils se permettaient d'engager des débats politiques dans les lieux publics pour faire des sondages. Plusieurs personnes furent arrêtées au cours de ces débats. Aska s'était fait entourer de plusieurs clubs de soutien. C'était des hommes et des femmes qui apparaissaient de façon régulière sur les médias d'État pour annoncer les différentes manifestations qu'ils organisaient en l'honneur du président. Des informations passaient chaque soir sur la chaîne de télévision et de la radio nationale pour informer la population des actions menées par leur mentor et pour annoncer les activités en cours pour le bien-être des populations. Les grands chantiers, que ces derniers qualifiaient de secret d'État, étaient divulgués chaque jour. En attendant de convaincre le peuple de la bonne gouvernance du président, ses partisans se construisaient de grands châteaux dans toutes les villes, ainsi qu'à l'étranger. Au Mindanh, des individus étaient riches, mais le pays restait pauvre. Certains intellectuels et hommes d'affaires étaient menacés de mort, car ils troublaient la quiétude du chef. Tous ceux qui lui tenaient tête étaient démis de leur fonction. Pour cela, l'administration était mise sur écoute. Toutes les lignes téléphoniques convergeaient vers le Centre d'analyse et de contrôle de l'information (CACI). Tout propos indécent à l'endroit d'Aska et de son gouvernement valait une peine d'emprisonnement. La machine de répression étant mise en place, personne n'avait droit à l'erreur. L'arrestation de Mongué fut une illustration des intentions du président quand il s'agissait de répondre à ceux qui le contredisaient. Ce statisticien dynamique était reconnu pour son dévouement au travail et son intransigeance face à la corruption. Durant sa fonction à la tête de la Direction des statistiques, il n'obtenait que des félicitations de la part Aska. Cependant, à la veille des élections précédentes, lorsqu'il refusa de produire une liste frauduleuse d'électeurs, le chef de l'État le fit arrêter en l'accusant de détournement de deniers publics.

II

Bakanh fut de retour au pays. Il ne rapporta rien de spécial pour Nsi, son grand-père. Mais il comptait l'honorer en accomplissant son plus grand vœu : lutter pour le bien-être de la population de Biboh. Il souhaitait pour cela apporter sa contribution à la réussite des élections présidentielles. À cet effet, il entreprit un projet de sensibilisation de la population sur le choix de son candidat aux élections. Il commença son activité avec ses propres frères, qui approuvèrent son enseignement avec aisance. Il approcha par la suite la jeunesse estudiantine. L'objectif premier de Bakanh était de connaître la position des étudiants vis-à-vis de la gestion actuelle du pays avant d'entamer une quelconque sensibilisation en leur sein. Une équipe technique composée des jeunes de toutes les couches sociales fut formée pour l'occasion. Des réunions se tinrent afin de trouver la méthode d'approche. La formule fut trouvée sous le vocable « Cellule des jeunes pour le soutien à la démocratie » (CJSD). Tous adhérèrent à l'idée de Bakanh. Même les personnalités qui avaient travaillé aux côtés d'Edo, le premier président du pays, approuvèrent sa démarche. Cependant, ils ne manquèrent pas de lui donner quelques sages conseils afin de ne pas enfreindre les lois du pays et surtout attiser la colère d'Aska.

Le lendemain, Bakanh reçut un courrier de la présidence de l'université. « *Monsieur, suite à votre demande d'un poste d'enseignant au département des sciences politiques de l'université de Kobla, je viens par la présente vous exprimer mon profond regret de ne pas pouvoir satisfaire votre demande étant donné que votre diplôme n'a pas été obtenu dans notre pays. Notez, cher Monsieur, que nous nous conformons aux nouvelles mesures prises par le ministère de l'Éducation scolaire et universitaire. Tout en vous souhaitant une bonne chance dans votre recherche d'emploi, veuillez recevoir, Monsieur, ma sincère considération* ». Après avoir lu et relu la lettre, Bakanh sourit. Il venait de comprendre une chose : la qualification n'était pas un préalable pour obtenir un emploi dans son pays. En occident, Bakanh avait obtenu un doctorat en sciences politiques. Il s'était présenté quelques semaines plus tôt à l'université nationale de Kobla pour un poste d'enseignant. Il avait été reçu par le premier responsable de cette institution. Ce dernier avait apprécié l'idée de vouloir transmettre son savoir à ses jeunes frères. Il l'avait assuré qu'il serait retenu pour ce poste, vu le manque d'enseignants dans le pays. Cependant, son dossier serait soumis à Monsieur le ministre, qui donnerait son point de vue après avoir avisé le président de la République. Il avait précisé que cette démarche était assez spéciale, étant donné que le domaine de compétence de Bakanh faisait partie des sujets les plus sensibles du pays.

Bakanh accepta donc l'offre de l'Université internationale privée de Kobla qui, dès son arrivée, souhaitait le compter parmi ses enseignants. Aussitôt son désir manifesté, il intégra l'effectif du corps enseignant de ce prestigieux établissement. Il était implanté dans plusieurs pays du monde. Les diplômes délivrés étaient reconnus au plan international.

La cérémonie de présentation officielle de Bakanh et de son bureau était prévue pour la journée nationale des élèves et étudiants à l'université de Kobla. Mais avant, il fallait obtenir l'approbation des autorités du pays. Pour cela, Bakanh et ses camarades furent reçus par Aska. Après lui avoir expliqué l'objet de leur visite, Monsieur le président approuva leur initiative en ces termes : « *C'est une bonne initiative que vous prenez. Si, dans notre pays, **des** hommes et **des** femmes arrivent à choisir librement leur candidat, je crois que les vendeurs d'illusions arrêteront de les distraire. Allez-y, vous avez ma bénédiction* ».

La journée nationale des élèves et étudiants avait une journée festive pour les concernés. La salle principale du centre culturel universitaire fut prise d'assaut dès le matin. Des petits groupes d'animation se mirent tout le long de la voie qui menait au centre-ville. Des bus chargés d'élèves et d'étudiants traversèrent successivement la ville en direction de l'université. Les convois arrivèrent de partout. Ordre fut donné pour qu'au lieu de la salle de spectacles, devenue trop exiguë, le stade de l'université soit le lieu du meeting. Des bousculades eurent lieu à la sortie. Chacun voulait occuper la meilleure place. Un désordre inattendu paralysa la manifestation pendant quelques heures. Le délégué national des élèves et étudiants s'adressa à l'assistance après que le calme fut revenu. « *Monsieur le représentant du président de la République, Messieurs les enseignants, chers camarades élèves et étudiants, chers représentants des jeunes toutes tendances confondues, chers parents, Mesdames, Messieurs, je vous remercie pour votre présence massive. Camarades élèves et étudiants, je vous félicite pour votre fidélité à la journée qui nous est dédiée. Vous savez que c'est au cours de cette journée que nous faisons le bilan de l'année. C'est également le moment où nous jetons un regard critique sur la façon dont nos autorités gèrent notre milieu. Nous n'en avons pas encore fini avec les difficultés. Il y a maintenant deux mois que les cours ne sont pas régulièrement dispensés. La plupart des UFR sont en retard sur l'année académique. Aujourd'hui, pour faire une licence, il faut quatre ou cinq ans au lieu de trois. D'ailleurs, les cours que nous recevons ne sont plus de qualité, à cause de la démotivation de nos enseignants. Nous sommes en train de négocier une audience auprès de nos ministres pour leur exprimer nos préoccupations. Nous souhaitons qu'au lieu des propos politiciens, nos autorités examinent les doléances de nos enseignants, afin que les grèves prennent fin. Vous m'avez choisi comme délégué national des élèves et étudiants parce que vous avez confiance en moi. Il m'appartient donc de faire ce qu'il faut pour que nous puissions nous aussi devenir les décideurs de demain. Mais pour que cela soit, il faut que vous vous joigniez à moi, car c'est ensemble que nous pourrons gagner notre combat. Si vous avez remarqué, sur le programme, il y a un volet pour la cérémonie de présentation de la Cellule des jeunes pour le soutien à la démocratie. Pour cela, je vais vous présenter un homme ; c'est un aîné, il a fait ses études à l'étranger et il est aujourd'hui docteur en sciences politiques. Il s'appelle Docteur Fred Bakanh. Il a des choses très intéressantes à nous dire ».*

Habillé d'un tee-shirt et d'un jean, Bakanh avança, tout souriant, vers le micro. *« Chers frères et sœurs, honorables invités, je vous salue. Comme le délégué l'a déjà dit, je suis Fred Bakanh, j'ai commencé l'école ici. C'est à partir de la classe de CM2 que grâce à <u>l'ONG Santé du modeste citoyen,</u> je suis allé en occident. Natif de Biboh, comprenez dès cet instant que c'étais un véritable coup de chance. Bref : l'objet réel de ma présence ici concerne la situation de notre pays. Il n'est pas à vous, élèves et étudiants, de faire la politique. Mais il est indispensable pour vous de penser politique. Il est nécessaire pour vous de suivre l'actualité, de chercher à comprendre pourquoi votre pays plonge dans une crise si profonde et, si possible, envisager des solutions que vous proposerez aux acteurs politiques. Notre école va très mal ; les diplômes de chez nous s'arrêtent tout juste à nos frontières parce que nous n'avons pas une année scolaire et académique normale. Quant à nos parents, ils n'arrivent plus à nous nourrir, et à plus forte raison à nous acheter des documents. La situation est alarmante. En cette période électorale, nous avons créé une cellule appelée "Cellule des jeunes pour le soutien à la démocratie". Son rôle consistera à sensibiliser nos parents sur le choix de leur candidat. Nous n'allons pas leur imposer un candidat, mais nous leur dirons de choisir celui dont le programme de gouvernement peut être utile à leur cause. Il en est de même pour vous. Ne choisissons jamais un candidat parce qu'il a fait la même classe que nous ou qu'il nous a hébergés pendant quelques années, mais parce qu'il a un programme qui répond aux besoins du pays tout entier. L'université étant le laboratoire des grandes idées, je pense que c'est à partir d'ici que la nouvelle doit gagner tout le pays. Que chacun soit l'ambassadeur pour la vraie démocratie dans sa famille et son entourage. Nos parents ont permis que nous allions à* *l'école pour notre propre bien, mais aussi pour leur servir d'éclaireurs sur certains aspects de la vie. Surtout, n'ayez crainte ; nous n'exerçons pas dans la clandestinité, car nous avons été reçus par le président de la République et il nous a donné l'autorisation de mener cette campagne, qu'il trouve noble. Que Dieu bénisse la République, pour une école digne de notre pays. Je vous remercie »*. Après son intervention, un homme entre deux âges intervint en ces termes :

– Mon fils, tu viens d'arriver ; je peux dire que tu ne connais même pas ici. Tu es sûr que le travail que tu es en train de faire portera du fruit? Bakanh l'assura de l'accord des autorités pour ces différentes activités. Et que si la population adhère à cette idée chacun bénéficiera des retombées.

– Hum ! s'exclame l'homme, et baissa la tête.

Bakanh exposa par la suite le programme d'activités de la cellule. Il débuterait sous peu par un grand meeting sur la place de la Paix. Il recommanda à chaque jeune de sensibiliser la population sur ce meeting, qui était considéré comme la cérémonie de lancement officiel de leurs activités. Les jeunes suivirent avec dévouement les instructions de Bakanh. La nouvelle parcourut villes et quartiers en espace d'une semaine. Le bureau, à son tour, s'attela à l'organisation pratique de l'événement. Chaque membre fut commis à une tâche précise.

L'engagement de la jeunesse se fit plus sentir le jour J. Tout le monde s'activait sur la place de la Paix. Des cartes d'invitation avaient été adressées à tous les partis politiques et organisations apolitiques, ainsi qu'à tous ceux qui se sentaient concernés par le combat que voulait mener la jeunesse. Selon les statistiques, la classe bourgeoise était la plus adhérente au combat, ce qui avait facilité les préparatifs de ce meeting. Certains avaient été victimes d'injustice parce qu'ils avaient décidé de combattre la corruption et la mauvaise gestion des biens publics. D'autres avaient été brimés à cause de leurs opinions politiques. Le moment était donc bien venu de soutenir discrètement le combat de la jeunesse pour la liberté d'opinion et de choix. Pour la première fois qu'une structure de ce type voyait le jour dans le pays, il n'était pas question de se faire raconter l'événement. Chaque citoyen, poussé par la curiosité, voulait savoir ce dont il s'agissait.

« Monsieur le représentant de Monsieur le président de la République, Messieurs les dirigeants des partis politiques, chers parents, chers amis jeunes, Mesdames et Messieurs, c'est avec un immense plaisir que je prends la parole devant vous ce matin. C'est un honneur que vous me faites en permettant que moi, si petit que je suis, puisse m'adresser à vous. Je tiens à vous en remercier. L'objet de ce rassemblement n'est rien d'autre que le lancement des activités d'une structure rassemblant tous les jeunes du pays, dont j'ai l'honneur d'être le président. Elle est dénommée, Cellule des jeunes pour le soutien à la démocratie (CJSD). Notre objectif principal est de sensibiliser la population sur ce qu'est la démocratie et en même temps lui montrer les voies à suivre pour le choix du bon candidat. Il est temps que nous apprenions à choisir notre candidat non pas parce qu'il a donné dix millions pendant les campagnes électorales, mais parce qu'il est capable d'adopter une politique de développement pour l'intérêt de toute la nation, en se basant surtout sur la cohésion sociale. C'est de cela que nous voulons parler à nos parents que vous êtes. À chaque période électorale, les partisans des différends bords politique s'affrontent jusqu'à ce que mort s'en suive. Ce sont des attitudes à bannir. Il faut surtout éviter les propos tels que "c'est nous qui sommes au pouvoir", "le pays nous appartient". Le pays n'appartient pas à un parti politique, mais à tous les enfants de notre belle nation, qui est une et indivisible. Nous sommes au vingt et unième siècle, où l'on parle de mondialisation et de globalisation. Il nous sera difficile d'intégrer ce système si nous ne nous conformons pas

aux vraies règles de la démocratie. Chers parents, ce n'est pas un conseil que nous vous donnons, car comme je le disais tantôt, que dirons-nous que vous ne saviez déjà ? Nous essayons juste d'attirer votre attention sur ce que risque notre pays si nous n'y prenons garde. Vive la démocratie, pour que vive Mindanh. Je vous remercie ».

Toutes ces illustres personnalités se tinrent debout puis applaudirent longuement pour ce discours plein de vérité. Docteur Munda, représentant du président de la République, fut émerveillé par l'intervention de Bakanh. Il fit savoir que, le pays avait désormais une jeunesse mature qui savait prendre ses responsabilités. Il assura que la cellule avait la bénédiction du président de la République et qu'elle pouvait mener ses activités sur toute l'étendue du territoire national. Docteur Munda était le conseiller spécial du président chargé des questions sociales et politiques. Il servait d'interface entre le président de la République et toutes les couches sociales lorsqu'ils abordaient des questions à tendance politicienne. Son intervention rassura davantage Bakanh et ses amis.

Après ce brillant exposé qui eut l'adhésion de tous, une réunion fut convoquée par un certain nombre de personnalités du pays qui adhéraient à l'opinion de Bakanh.

– Je vous en prie, asseyez-vous mes enfants, ordonne Alfred.

C'est à son domicile que se tenait la réunion, en compagnie de deux autres : Bob et Nelson. Nelson prit la parole au nom de tous :

– Vous savez, les enfants, nous en avons assez vu dans ce pays. Sachez que vous serez convoités dans peu de temps par les partis politiques. Alors, vous devez faire attention.

– Ne vous inquiétez pas, oncle Nelson, nous ne céderons pas à la tentation, d'autant plus que vous êtes là. Chaque fois que vous remarquerez des dérapages de notre part, interpellez-nous, répond Saki.

Les trois hommes, qui décidèrent d'aider discrètement les dirigeants de la cellule, en savaient plus que quiconque sur les problèmes du pays. Cependant, ils ne pouvaient pas contester de vive voix la politique d'Aska, étant donné qu'ils étaient des personnalités sous surveillance. Le moindre acte contre le président pourrait leur coûter leur poste et leur liberté. Ils avaient déjà assisté à l'arrestation de certains de leurs collègues. Alfred en avait déjà fait les frais à deux reprises. Jadis Directeur général à la Banque internationale d'investissement, il fut nommé ministre des Finances dans le gouvernement d'Aska. Se croyant dans l'ancienne structure, où l'on pouvait contester quelques décisions pour le bon fonctionnement de l'institution, il refusa de signer une autorisation de décaissement de fonds pour le parti d'Aska. Une seconde fois, il fit supprimer les postes fictifs que ce dernier avait créés pour alimenter sa caisse personnelle. Ces deux actes lui coûtèrent son poste. Pour ne pas attirer le regard de l'extérieur sur lui à cause de la notoriété d'Alfred dans les institutions financières internationales, Aska le nomma directeur général de la coopération internationale au ministère des Affaires étrangères. Quant à Bob, jadis homme influent de l'armée, il fut rétrogradé pour avoir refusé de conduire l'opération de destruction du village de Kobla, dont le site était devenu depuis lors la place de la Paix. Il était dans le corps d'élite de l'armée. Pour ne pas susciter des divisions dans les casernes, et surveiller cet homme qui était beaucoup écouté par les soldats, il fut nommé conseiller du chef d'état-major. Grand ennemi des coups de force, il voudrait contribuer à la construction de la nouvelle République en s'associant à ses deux amis de longue date pour soutenir la jeunesse. Nelson était administrateur civil. Pour avoir refusé de produire une liste frauduleuse d'électeurs dans sa circonscription lors des dernières élections, il fut convoqué par Aska. « *Monsieur le préfet, pour avoir posé un acte d'insubordination, vous êtes désormais conseiller technique du ministre de l'Intérieur. C'est une façon pour moi de vous mettre au garage, puisque vous voulez m'égaler* ».

Au sortir de la réunion, les jeunes demandèrent aux trois hommes de ne plus aller aux meetings, de peur qu'ils ne soient soupçonnés d'être les initiateurs de ce mouvement. Car, quoi qu'on dise, toutes les manifestations organisées par la cellule étaient mises sur écoute, comme il était de coutume dans le pays.

*

Après avoir dispensé des cours à l'Université internationale de Kobla, Bakanh arriva épuisé chez lui. Il était presque dix-huit heures. Sous la porte, une enveloppe. Il s'empressa de l'ouvrir lorsqu'il vit l'insigne de la présidence. « *Vous êtes invité à un dîner spécial ce soir à vingt heures à ma résidence privée. C'est un dîner entre amis et une occasion pour nous de mettre nos idées en commun pour le bien-être de nos populations* ». La note était signée « *Votre très cher ami Aska, président de la République du Mindanh* ». Il téléphona aussitôt à ses adjoints de la cellule pour les informer de cette invitation. Il en fit de même pour Monsieur Nelson et ses amis, considérés comme ses conseillers. Il porta un costume et mit un nœud papillon pour la circonstance. Puisqu'il n'avait pas encore une voiture à lui-même, il jugea utile d'y aller en taxi. Son téléphone sonna lorsqu'il apparut dans la rue.

– Monsieur Bakanh, c'est la garde rapprochée de Monsieur le président de la République. Nous sommes à quelques mètres de votre domicile ; nous venons vous chercher pour vous éviter des dépenses inutiles.

Le véhicule s'arrêta juste à son niveau. Beaucoup d'interrogations se succédèrent dans sa pensée pendant le trajet. Il ne savait pas qu'un jour il entrerait dans la résidence privée du chef de l'État. Ce domaine de quinze hectares faisait partie des endroits les plus surveillés de la République. Hormis les hommes de son clan et ses invités étrangers, le citoyen lambda n'y était jamais entré. Pour cette raison, Bakanh avait deux réponses à ses interrogations. Soit il faisait désormais partie des privilégiés du président, soit il était un adversaire qu'il invitait pour abattre. Le jeune homme ne douta plus de la seconde option. Ces derniers jours, il avait fait reculer la côte de popularité d'Aska. Les nombreuses invitations qu'il recevait des différentes associations ne laissèrent pas le président indifférent. Le véhicule avançait à vive allure. De loin, l'on apercevait les ampoules qui longeaient la clôture présidentielle. Cet éclairage était l'une des fiertés de la ville. Le jour et la nuit n'avaient pas une grande différence dans ce périmètre. Des groupes électrogènes prenaient le relais pour conserver la lumière lorsqu'il y avait une panne d'électricité. La population organisait des convois chaque année pour venir observer cette belle œuvre. La garde présidentielle se chargeait de la supervision de ces excursions. À l'approche de l'entrée, le chauffeur appela les gardes en poste par radio. Le lourd portail, de plusieurs centaines de kilogrammes, s'ouvrit lentement pour les laisser passer. La pelouse à l'intérieur était d'une beauté rare. Elle était régulièrement tondue et arrosée. Les touffes de fleurs par endroits parfumaient ce jardin aux mille cocotiers qui longeaient les nombreuses rues du palais. Le véhicule parcourut deux kilomètres avant d'atteindre la résidence du président. Nous fûment contrôlés à l'entrée de la cour ; c'était le portail qui donnait accès au domicile du président. Aska l'attendait à sa descente du véhicule.

– Mon cher Docteur, comment allez-vous ? s'écria-t-il en l'embrassant.

– Ça va bien, Monsieur le président, répondit-il.

– Je parie que vous étiez surpris de voir mes hommes à votre porte !

– Oui, Monsieur le président, j'ai même eu un très peur.

Il fit savoir à son invité qu'il avait coutume de détacher une unité spéciale pour la sécurité des personnes qui étaient chères à la nation, et qu'il en faisait partie. La conversation se poursuivit jusqu'à une table garnie de toutes sortes de repas et de fruits. Ils continuèrent la causerie autour de la table.

– Docteur, vous savez que notre pays a besoin des personnes comme vous. Aujourd'hui, je suis à la recherche d'une personne capable d'assurer la relève. C'est pour cela que votre combat me va droit au cœur. L'instauration de la vraie démocratie dans ce pays a toujours été mon premier objectif. Puisque vous êtes sur la bonne voie, il va falloir que nous travaillions ensemble.

Encore des propos intéressants, qui pourraient encourager le jeune homme à redoubler d'ardeur. Il rassura le président en ce qui concerne sa disponibilité pour cette action commune. Le président poursuivit en révélant qu'il comptait bâtir une nation forte basée sur la responsabilisation de la jeunesse.

– D'ici peu, je vais procéder à des nominations. Les jeunes comme vous ont leur rôle à jouer dans notre administration. Qu'en dites-vous ?

– Je suis tout à fait d'accord avec vos ambitions, Monsieur le président ; cependant, tout reste à votre appréciation. C'est vous qui savez ce qui est bon pour le pays. C'est pourquoi nous disons qu'il n'est pas donné à tous de diriger une nation.

– Les idées que vous avez aujourd'hui sont en conformité avec nos idéologies au sein du parti. Mais jusque-là, je n'ai trouvé personne capable de me seconder. Maintenant que, par la grâce de Dieu, vous êtes là, je propose que vous fassiez votre entrée au parti.

Stupéfait, Bakanh répondit avec hésitation à cette offre. Il n'y avait pas pensé auparavant. D'ailleurs, il n'avait aucune intention de faire carrière dans la politique. Cependant, comment devrait-il s'y prendre pour donner sa réponse ? Le refus de cette proposition pourrait mettre Aska en colère et annuler toutes leurs activités en cours. Il pourrait être étouffé jusqu'à être incapable de poursuivre son combat s'il entrait au parti. Pourtant, il fallait dire quelque chose pouvant satisfaire le président.

– Je vous remercie, Monsieur le président, pour l'immense considération que vous avez pour moi. Je ne sais pas si je le mérite, mais je me rends compte que vous avez de grandes ambitions pour moi et j'en suis très flatté. Et, comme le dit la tradition, la nuit porte conseil. Comme je ne m'attendais pas à une si grande proposition, je vais retourner chez moi et, très rapidement, je vous ferai parvenir ma réponse.

Le Président de la République fut impressionné par la réponse de Bakanh qui, malgré ses nombreuses années passées à l'étranger, avait encore les réflexes de la tradition. Cette sagesse faisait partie des qualités qu'il recherchait en ses collaborateurs.

Il était déjà minuit. Les deux amis de circonstance avaient passé la soirée dans une agréable atmosphère, au point qu'ils n'avaient pas vu le temps passer. Bakanh fut accompagné par son hôte jusqu'au véhicule qui le ramènerait chez lui.

Aska l'approcha puis lui chuchota à l'oreille :

– Mais faites vite, le poste de ministre des affaires étrangères vous attend au prochain remaniement.

Un premier émissaire d'Aska vint le voir le lendemain pour connaître sa position. Il lui fit savoir qu'il continuait de réfléchir et qu'il réagirait au moment opportun.

Pendant ce temps, les sollicitations pour les conférences se multipliaient. Il répondait chaque jour à une invitation en moyenne. Des fan-clubs étaient créés en son nom. Le syndrome Bakanh gagnait tout le pays. Certains réclamaient sa candidature aux élections.

Du côté du palais présidentiel, l'on maintenait la pression pour son adhésion au parti. Pour échapper à ce harcèlement, il décida de changer de domicile. L'attitude du jeune homme fut mal perçue par le chef de l'État. Il ne doutait plus désormais de la mauvaise foi de Bakanh. Il avait eu suffisamment de temps pour donner une suite assez claire à sa proposition. S'il ne l'avait pas fait, c'était parce qu'il avait d'autres intentions. Il fit une déclaration en indiquant que la Constitution exigeait un âge minimum de trente-cinq ans pour une candidature aux élections présidentielles. De surcroît, le dépôt des candidatures avait pris fin il y avait très longtemps. Par conséquent, tous ceux qui avaient un âge inférieur à la moyenne et qui tenteraient de faire entorse à la règle pour semer le trouble seraient punis, conformément aux lois en vigueur. Bakanh ne se fit pas prier pour comprendre qu'il était concerné par cette déclaration. Il demanda une audience auprès du président pour lui faire savoir qu'il n'avait aucune intention de se présenter aux élections. Il souligna ensuite qu'il avait mis du temps sans répondre à sa proposition parce qu'il ne se sentait pas bon politicien, mais qu'il continuait de réfléchir. Aska apprécia sa politesse et précisa qu'il n'était pas intervenu à cause de lui, mais à cause des opposants qui pensaient pouvoir l'utiliser pour mener leur combat. Bakanh, un peu confus, rassura le président en disant qu'il n'avait aucun rapport avec les partis politiques. Aska, souriant, ajouta en ces termes :

– vous pensez ne pas être un bon politicien, or vous faites déjà de la politique. En plus de cela, vous avez étudié la politique.

Les deux hommes se séparèrent en retenant qu'ils n'étaient ni adversaires, ni ennemis.

Dans le souci de se rendre utile à la jeunesse, Bakanh accepta d'animer une conférence dont le thème était : <u>Quelle gestion des ressources du pays pour une meilleure position dans le concert des nations ?</u>

La conférence était organisée par les étudiants de la faculté des sciences économiques de l'université de Kobla. Un accueil assez agité lui fut réservé. Les étudiants, en général, le considéraient comme un modèle. Mais le suivre, c'était être appelé à exercer dans l'administration plus tard. Le développement de ce thème leur permettrait de connaître quelques notions de gestion des ressources d'une nation d'autant plus qu'ils en seraient les futures responsables. Le conférencier, observateur averti de la politique de son pays, instruisit l'assistance dans la première partie de son exposé sur le fait que Mindanh avait souffert de la colonisation. Cependant, cela n'avait pas empêché le pays d'amorcer un processus de développement dès l'indépendance. Le conférencier nota par la suite que le système de développement mis en place par les premiers dirigeants était une copie conforme de celui de colonisateurs. Ce qui était incompatible avec le mode de vie du peuple. Ce système, à bien des égards, avait fait perdre au peuple sa civilisation et son identité culturelle. Le conférencier apprécia en revanche l'esprit patriotique des premiers dirigeants, qui avait travaillé d'arrachepied pour la construction d'importantes infrastructures et qui faisaient du pays une référence dans le monde. Il salua à cet effet ces hommes et femmes qui, à partir de rien, avaient fait toutes ces réalisations pour l'épanouissement de leur progéniture. Abordant la seconde partie de son exposé, le conférencier précisa de prime abord qu'il n'accusait personne de ce qu'il allait développer, et qu'il n'avait aucune intention de fustiger la gestion de qui que ce soit. Il ajouta qu'il intervenait en toute objectivité pour apporter une réponse aux préoccupations des étudiants. Il déplora le manque de volonté qui avait plongé le pays dans une crise économique sans précédent. Il souligna que le nouveau citoyen du Mindanh se donnait plus de temps de loisir que de temps de travail. Pour amasser beaucoup d'argent et rapidement, le peuple s'adonnait à la facilité et à la corruption. La paresse ayant gagné cette population, elle se contentait de ce qui avait été réalisé au lendemain de l'indépendance : « *Regardez nos infrastructures administratives, culturelles, routières, bref... toutes ces grandes réalisations sont tombées en ruine. On ne fait aucun effort pour les entretenir ni les rénover, ni même en réaliser d'autres. Je prends un exemple simple : nos amphithéâtres sont aujourd'hui devenus exigus pour le nombre d'étudiants qu'ils accueillent. Ces bâtiments sont construits pour recevoir cent à deux cents étudiants. Aujourd'hui, ils en reçoivent mille par niveau. En plus de cela, la climatisation ne marche plus, mais personne ne s'en occupe. Que voulez-vous que l'on apprenne dans ces cellules ? Vous également qui occupez ces locaux, vous êtes appelés à ne pas les endommager lorsque vous êtes mécontents. Il faut avoir du respect pour le bien public car il appartient à tous. Ce qui implique l'engagement de tous pour son entretien. Vous voyez que nous sommes tous responsables de ce que nous vivons. C'est vrai que la colonisation a fait souffrir notre peuple, mais elle n'a pas été que négative. Tout ce que nous avons réalisé a été inspiré d'eux. La seule chose que nous aurions dû faire, c'était d'adapter cela à notre civilisation, pour que notre peuple s'y retrouve mieux. Nous aimons accuser les colonisateurs d'avoir volé nos richesses. C'est vrai, ils ont volé beaucoup de choses. Nous aurions fait autant si nous étions à leur place. Ce qui est important, et qu'il faut noter, c'est que de l'or a été volé, mais nos mines d'or ne sont pas épuisées. Du pétrole a été volé, mais nous continuons de découvrir des gisements et encore de plus haute qualité. Toutes nos matières premières existent encore et nous en découvrons toujours, pour dire tout simplement que nous sommes la richesse par excellence. Mais que faisons-nous de tout ça ? Est-ce que nous les exploitons véritablement ? Si oui, que faisons-nous du revenu ? À mon humble avis, nous jeunesse, nous ne devons pas nous Attacher à toutes ces richesses qui sont la Garantie de nos crédits auprès des bailleurs de fonds. Nous devons plutôt avoir le désir d'égaler les pays développés en travaillant sans relâche. C'est en cela que nous obtiendrons la vraie indépendance, celle de l'autonomie financière, qui nous acquittera de toute influence* extérieure».

Bakanh termina son exposé sous les ovations du public.

De l'autre côté de la ville, la conférence ayant été écoutée à travers le mystère de la retransmission des espions du président, le discours fut apprécié autrement. Dans les méandres de la présidence, une décision fut prise à l'encontre de quiconque osera mettre à mal les institutions du pays. À cet effet, un communiqué fut diffusé à la télévision et à la radio : « *En cette période sensible qu'est la crise économique mondiale que subit notre pays, il est formellement interdit tout propos diffamatoire à l'encontre du président de la République et son gouvernement. Il faut également s'abstenir de toute action pouvant occasionner des soulèvements populaires inutile. Toute personne qui se livrera à de tels actes assumera les conséquences qui s'ensuivront* ».

Depuis l'arrivée de Bakanh, cette nouvelle génération d'étudiants se sentait plus utile, car il leur faisait prendre conscience de leur responsabilité dans la gestion future du pays. Pour ne plus se laisser dominer par le pessimisme, ils désiraient toujours apprendre, afin de construire une nation forte et prospère. L'étudiant se forgeait une nouvelle image de lui-même et de son pays. Ceux qui s'étaient résignés à cause du manque d'emplois décidèrent de reprendre le chemin des amphithéâtres, car ils comprirent que leur pays ne resterait pas éternellement dans la crise. Et qu'ils étaient appelés à faire changer la donne. Ceux qui exerçaient dans le secteur informel se regroupaient progressivement en associations, sous l'impulsion de Bakanh, afin d'obtenir un financement pour la professionnalisation de leur secteur. « *Une société moderne ne se crée qu'avec la ferme volonté de parfaire sa condition de vie. Notre pays ne rentrera dans l'ère nouvelle qu'avec notre rage de vaincre la pauvreté*» affirma Bakanh lors d'une rencontre avec les jeunes issus des quartiers défavorisés. En quelques mois d'activité d'éveil des consciences, Bakanh devint l'homme le plus populaire des médias. Ses interventions suscitaient assez d'espoir. Il abordait les sujets qui mettaient ses concitoyens en confiance. « *En ce temps de crise, nous avons besoin des gens comme Bakanh pour nous remonter le moral* », disait le chef coutumier de Kobla lors de son passage à la télévision pour l'annonce de la fête annuelle de la chefferie traditionnelle dont il était le porte-parole. L'ascension qu'il prenait ne plaisait pas à Aska. Un homme qui pourrait être son petit-fils n'avait pas le droit de lui voler la vedette en se faisant passer pour l'organisateur de la société. Pendant que la présidence réfléchissait à la stratégie pour empêcher Bakanh de lui voler la vedette, le Forum sur le civisme, événement tant attendu par la jeunesse, se déroulait. Cette fois, le Centre national des festivals fut choisi, à cause de sa grande capacité d'accueil. Élèves, étudiants, hommes de métier, sans emploi, vieillards ; toutes les couches sociales convergèrent vers la salle mythique des grands événements de Kobla. Ce thème du civisme n'avait jamais été abordé auparavant. Les élèves d'avant le règne de d'Aska avaient eu la chance d'étudier le civisme comme une matière à part entière. Après la réforme, au lendemain de la deuxième République, certaines disciplines telles que le civisme, la morale et l'éducation familiale avaient été supprimées sous prétexte qu'elles alourdissaient le système éducatif. La salle étant pleine, des chaises furent disposées sur l'esplanade du centre. Ceux qui y prendraient place suivraient par vidéoconférence. Deux rangs furent formés de part et d'autre de la voie conduisant vers le centre sur cent mètres à partir de l'entrée de la salle pour accueillir le conférencier. La ferveur était au rendez-vous lorsque le conférencier arrivait. Il fut obligé de descendre et de marcher jusqu'à la salle. À peine l'hymne national chanté, qu'un véhicule de type 4 x 4 fit une entrée fracassante dans la cour. Des hommes en armes firent irruption dans la salle, se saisirent de Bakanh et des membres de son bureau, les firent monter dans le véhicule puis disparurent dans un vrombissement assourdissant de moteur, sous les yeux interrogateurs du public. La provenance de la voiture fut rapidement identifiée à travers l'immatriculation. Pour la première fois, la jeunesse, assoiffée de connaissance, décida de marcher jusqu'à la présidence. Il n'était pas normal d'interrompre une telle manifestation, qui pourrait apporter une lumière sur l'attitude à tenir dans la gestion du bien public. La nouvelle, telle une traînée de poudre, traversa toute la ville. Ceux qui n'avaient pas eu le temps de venir au Forum se joignirent au mouvement. Toutes les artères de Kobla furent occupées. Une foule compacte se dirigeait à pas coléreux vers la présidence. Informé de la situation, Aska dépêcha un porte-parole à la télévision pour rassurer la population. L'on précisa que Bakanh et son bureau étaient en sécurité et qu'ils seraient relaxés d'un moment à l'autre après leur entretien avec le président de la République. Malgré cette information, la foule resta assise, attendant la sortie de ses leaders. Pour ne pas attirer l'attention de la presse internationale sur cet incident, Bakanh et ses camarades furent libérés aussitôt, sans condition. Ils furent escortés par la population jusqu'au siège de la cellule, où un meeting se tint immédiatement. L'argument avancé par la présidence était que le Forum avait été organisé sans l'avis du chef de l'État, sachant que les dernières mesures étaient contre cette façon de procéder. L'on avait précisé que seules les autorités compétentes avaient le droit d'organiser un Forum sur un tel sujet, qui touchait directement les responsabilités du gouvernement. Par conséquent, celui de la jeunesse devrait être purement et simplement annulé. La coordination des élèves et des étudiants, appuyée par l'association des jeunes déscolarisés, protesta contre cette décision et décida de rencontrer le chef de l'État. Mais le président refusa de recevoir la délégation des deux organes de jeunesse. Il fit savoir que les lois de la République ne se négociaient pas et qu'elles s'appliquaient. Les jeunes, à leur tour, affirmèrent qu'ils avaient le droit de tenir leur Forum étant donné qu'il était purement éducatif. La police chargea à plusieurs reprises, faisant plusieurs morts et blessés. Les parents, indignés par les violents agissements de la police, lancèrent un appel au président afin de mettre fin à ces tueries. Il leur répondit qu'il leur revenait plutôt de dire à leurs enfants de respecter l'autorité. Pour ne pas être accusé une seconde fois par les autorités politiques, Bakanh resta inactif, sous les ordres de l'ensemble des jeunes. Il fut cependant invité par le collectif des partis de la gauche qui, à sa façon, voulait mettre fin à cette violence qui n'avait que trop duré.

– Monsieur Bakanh, c'est avec un réel plaisir que nous vous recevons dans nos locaux, affirma le secrétaire général du collectif.

– C'est moi qui vous remercie pour l'honneur que vous me faites en m'invitant chez vous.

– Nous en sommes très flattés, reprit l'homme à la barbe blanche avant de poursuivre. Comme vous le savez, la situation va de plus en plus mal dans notre pays. Pour un petit malentendu, nous plongeons dans un chaos total. Mais en tant que fils du pays, nous devons trouver une solution adéquate et durable à ces troubles.

– Je suis tout à fait d'accord avec vous. Mais selon vous, quelle peut être la formule appropriée qui va être acceptée par les deux camps ?

Comme réponse, les membres du collectif lui exposèrent leur noble vision. Selon eux, étant l'homme le plus écouté en ce moment, et sachant que le président utilisait tous les moyens pour s'éterniser au pouvoir, il fallait profiter de cette période sensible pour l'empêcher de briguer un autre mandat. Le mouvement en cours pourrait être qualifié d'insurrection pour le porter sur la plus haute marche du pays.

Bakanh comprit tout de suite qu'il s'agissait d'un coup d'État. Surpris d'une telle proposition, qui ne ferait qu'entraîner le pays dans un désordre sans précédent, il leur demanda de privilégier la voie pacifique pour la résolution de cette crise. Il leur recommanda d'être chacun des acteurs de la paix, pour le bien-être de la population. Ils insistèrent en l'assurant du soutien de l'armée et d'une partie de la communauté internationale. Ils ajoutèrent que ces puissances étrangères avaient déjà tout planifié avec les généraux de l'armée et qu'elles souhaitaient la prise du pouvoir par un civil qui faisait l'unanimité au sein de la population. Bakanh entra cette fois-ci dans une colère démesurée :

– Je ne sais pas si vous me suivez. Regardez tous ces pays qui ont connu des coups d'État ; ils y sont restés ! Maintenant, pour avoir une succession dans ces pays, il faut passer par un coup de force. J'aime mon pays et je ne veux pas le ramener plusieurs années encore en arrière. Il tourna sur lui-même, posa sa main gauche sur son front et l'autre à la hanche. Un silence de quelques secondes prit place dans ce bureau mal éclairé par le reflet des lampadaires qui se faufilaient à travers les persiennes. Le secrétaire général voulait parler, mais il le lui interdit, puis reprit :

– Sachez que démocratie ne rime pas avec coup d'État. Vous voulez la démocratie, mais tous les moyens ne sont pas bons pour l'acquérir. Elle se construit. Vous voulez également accéder au pouvoir, mais tous les moyens ne sont pas bons pour être président. Sinon, vos actes vous rattraperont. De grâce, cherchons un moyen plus digne de mettre fin à ce qui se passe aujourd'hui dans notre beau pays.

Il sortit brutalement dans la rue, regarda à gauche et à droite, posa la main au-dessus des sourcils pour mieux voir, à cause de la lumière qui l'éblouissaient. Dans le taxi qui le ramenait chez lui, au quartier résidentiel, rue Arc-en-ciel, Bakanh était troublé. Son combat était d'amener son peuple à comprendre le vrai sens de la démocratie. Or, dans le secret, certaines personnes assoiffées de pouvoir s'apprêtaient à emprunter le raccourci qui menait vers le pouvoir égoïste. Un coup d'État n'était pas le bienvenu pour une nation qui connaissait déjà une crise économique assez importante. Il croyait que son combat donnerait la même chance à tous les partis politiques pendant les élections, alors que certains nourrissaient des intentions qui pouvaient entraîner le pays dans une guerre civile et accroître la souffrance des populations que l'on prétendait vouloir défendre. Le crépitement de son téléphone portable le fit sortir de ses pensées. Il était vingt heures, mais les membres de son bureau avaient besoin de lui au siège. Il courait des rumeurs selon lesquelles Aska procédait à l'arrestation de certains leaders du pays. Le secrétaire général du collectif des partis de la gauche aurait déjà été arrêté. Bakanh ordonna au conducteur de retourner au centre-ville. Chemin faisant, il rencontra un char de la police anti-émeute en pleine détresse ; les violences avaient repris depuis la tombée de la nuit. À l'approche de la place de la Paix, il vit plusieurs jeunes, armés de pierres et de barres de fer, courir dans tous les sens. Le conducteur du taxi mit la radio en marche. D'une voix étrange, une journaliste annonça qu'un étudiant venait d'être assassiné par la police sur la place de la Paix. Le taxi avança quelques mètres encore puis Bakanh demanda à descendre, de peur que le véhicule ne soit endommagé par les manifestants s'il arrivait à leur niveau. Il se fraya un chemin dans les orgueils de Chine, entre la statue de la Paix et la chaussée, contourna le jardin principal puis s'enfonça dans le quartier pour ne pas se faire identifier. Il vit certains sympathisants de l'opposition se joindre aux autres pour une action d'envergure. Il se rendit compte qu'il avait échappé à quelques secondes près à cette arrestation. Le secrétaire général du collectif des partis de la gauche s'était fait arrêter à bord de son véhicule pendant qu'il rejoignait son domicile. L'information fut divulguée par l'agence Presse internationale (API) grâce à ses deux collègues, qui avaient échappé à la police après une course-poursuite.

La police affirma par la suite que la mort de l'étudiant était une situation de force majeure, car il n'était pas leur cible. Pourtant, après cet acte criminel, toute personne possédant une carte d'étudiant était automatiquement mise aux arrêts. Bakanh aperçut une fumée noire devant lui. Il était sûr qu'une rue se trouvait là. C'était un autre carrefour où des pneus étaient entassés et brûlés. Il eut peur d'avancer. Quelques policiers rôdaient par là. Ils venaient tout juste de disperser les manifestants. Il resta blotti derrière un kiosque de loterie, le temps que les agents des forces de l'ordre partent. Quelques instants plus tard, un camion aux phares éblouissants avança à vive allure, puis s'arrêta au niveau du kiosque. Bakanh se demanda pendant combien de temps il pourrait tenir dans cette position, où il ne s'appuyait que sur un seul pied à cause de la pente qui descend vers les caniveaux. Il savait qu'on l'accuserait d'être l'auteur de ce trouble s'il se faisait appréhender à pareille heure. Il prit soin d'éteindre son téléphone pour éviter qu'un appel ne le fasse découvrir. Une forte fumée de cigarette emplit l'air, l'empêchant de respirer correctement. Pendant qu'il continue d'inhaler la nicotine, un autre cargo s'arrêta brusquement puis une voix lança :

– collègues, votre position.

– R.A.S., répondit un élément du premier groupe.

– On lève le camp donc, reprit celui du deuxième groupe. L'ordre fut relayé par plusieurs « *collègues, on lève le camp* ». Ils coururent tous à leur cargo, tirèrent quelques rafales en l'air puis démarrèrent en trombe.

Depuis la veille, toutes les entrées et les sorties de Kobla étaient minutieusement contrôlées. Des personnes de mauvais augure pourraient profiter de l'occasion pour parvenir à leurs fins. Pour ce problème précis, les autorités étaient convaincues que les opposants en étaient les auteurs. La jeunesse ne pouvait pas de son propre gré manifester pour le refus d'un simple Forum. Aska l'avait signifié dans son discours tenu après l'arrestation du secrétaire général du collectif.

Bakanh poussa la grille qui protégeait la porte du siège de la cellule, mais elle était verrouillée. N'y a-t-il personne à l'intérieur ? Où sont-ils donc partis ? Tout bouillonnait dans sa pensée. Il sortit son trousseau de clés, déverrouilla la grille et ensuite la porte. Il aperçut ses compagnons blottis sous la table de réunion. Ils éclatèrent de rire quand ils surent que c'était leur ami qui venait d'entrer. C'était une grande joie de se retrouver. L'heure était aux grandes idées, mais il ne faudrait surtout pas se faire apercevoir par les chiens de garde du gouvernement. Dans cette salle obscure, le bureau plancha sur la situation qui prévalait. L'idée première était de faire en sorte qu'aucun d'eux ne soit arrêté par la police. Ils savaient tous que Bakanh avait été accusé par le président de la République dans ses propos au journal du soir. Il eut peur lorsque ses amis lui contèrent l'histoire, grâce au petit poste récepteur de radio de leur bureau. Il n'aurait pas traversé tout ce quartier à pied s'ils lui avaient expliqué cela au téléphone. Ils lui demandèrent donc de quitter son domicile jusqu'au dénouement de l'affaire. Quant à eux, personne ne devrait mener une action publique qui attirerait l'attention des autorités du pays. Aucun d'eux ne devrait participer aux réunions qui avaient une tendance politique. Ils s'interdirent également toute déclaration dans la presse.

Le jour se leva timidement sur une ville triste et endeuillée. Des agents des forces de l'ordre, pour parer à toute éventualité, rôdaient dans tous les quartiers. Bakanh, sous l'effet de la fatigue, se leva lourdement et réveilla les autres. Ils allumèrent le poste de radio pour avoir les nouvelles du pays avant de prendre une quelconque décision. L'heure du journal était passée, mais ils avaient droit au communiqué de la présidence, qui passait toutes les dix minutes. Lequel communiqué invitait les partis politiques, la jeunesse toutes tendances confondues, les parents et la société civile à une concertation à partir de dix heures. Il fut précisé que le secrétaire général du collectif des partis de la gauche était en sécurité et qu'il serait relâché dès ce jour. Le président invita spécialement la presse internationale pour la circonstance.

Personne ne voulait se faire conter l'histoire. L'atmosphère était tendue par rapport aux rencontres habituelles. Tout le monde restait suspendu à ses lèvres. Après l'exécution de l'hymne national, le président de la République s'adressa à son peuple : « *Chers élèves et étudiants, chers frères et sœurs, chers parents, mesdames et messieurs, je ne suis pas ici pour un discours. Je viens là pour vous exprimer ma douleur. Je suis votre fils, je suis votre frère. Ce qui veut dire que je ne peux pas vous tuer alors que c'est vous qui m'avez fait. Pour en venir à l'incident malheureux qui a eu lieu hier sur la place publique, je dirai que je suis sincèrement désolé. Pour cela, je demande une minute de silence en la mémoire de cet innocent qui n'avait pour souci que d'étudier pour son avenir*». Après la minute de silence, il reprit : « *Je me tourne vers les parents du défunt, que j'ai demandé de faire venir parce qu'ils sont en zone rurale. Ces pauvres parents qui se sont saignés pour que leur enfant aille jusqu'à l'université. Je crois qu'il était en master de sciences économiques. Leur espoir a été brisé en une fraction de seconde. Je suis vraiment indigné par cette barbarie. Je le dis et je le répète, je ne pardonnerai plus les bavures policières. C'est pourquoi j'ai fait arrêter les auteurs de cet acte ignoble. Je ne sais pas si c'est pour ternir mon image, mais à chaque intervention, certains agents corrompus agissent contrairement aux directives qui leur sont données. Le rôle de la police, dans des situations pareilles, est d'encadrer les manifestants pour empêcher les petits brigands d'en profiter pour piller les commerces ou détruire certaines infrastructures publiques. Les munitions utilisées en général sont le gaz lacrymogène. Pourquoi donc se servir de balles réelles contre des gens qui ne peuvent même pas tuer une mouche ? Je pense que celui qui a fait cela a agi à dessein. Jamais je ne pardonnerai une telle animosité. Si vous êtes au sein de l'armée, sachez que c'est le peuple que vous servez en premier. D'aucuns disent que c'est mon armée. Oui, parce que c'est moi qui en suis le premier responsable. Mais c'est pour vous qu'elle est là. Voici la raison pour laquelle je suis indigné quand elle va contre vous. (En se tournant vers les parents du défunt) Sachez, chers parents, que votre fils sera enterré dignement. Dès aujourd'hui, je prendrai des mesures pour que vous soyez dédommagés. Pour ce qui concerne les partis politiques, je ne suis pas descendu dans la rue pour arrêter Monsieur Topé, votre secrétaire général, que j'appelle affectueusement mon collègue. Dès qu'il a été arrêté, j'ai été informé dans quelles conditions cela s'était passé. J'ai demandé s'il avait été découvert dans son véhicule ou dans son bureau, où la réunion venait de se tenir, avec des documents faisant cas d'un coup d'État. On m'a répondu par la négative ; je suis encore indigné pour ça. Comme il faisait nuit et que tout le monde savait qu'il avait été arrêté, j'ai demandé d'attendre le lendemain, c'est-à-dire aujourd'hui, avant qu'il rejoigne son domicile, de peur que des personnes mal intentionnées ne lui enlèvent la vie et accusent le pouvoir. Voici la raison pour laquelle il est resté avec moi jusqu'au matin. J'ai refusé qu'il reste dans une cellule de prison. Nous avons même joint son épouse par téléphone pour rassurer toute sa famille qu'il est en sécurité. Ce matin, nous avons pris le petit déjeuner ensemble. Mon frère Topé, lève-toi pour que tous te voient».* Topé se leva, sous les applaudissements du public. Le président poursuivit ses propos en indiquant qu'ils étaient tous de la même famille, appelée Mindanh, et qu'ils la construiraient ensemble. Il rassura ensuite les jeunes : en ce qui concernait leur Forum, il était en train de planifier, avec les experts du domaine, un programme assez vaste qui allait s'étendre sur l'ensemble du territoire national. Il ajouta qu'un sujet qui concernait le civisme touchait directement le sommet de l'État : « *C'est le fondement du savoir-vivre, mais qui doit être en conformité avec les exigences de la nation. Il faut que votre orateur ait une connaissance approfondie des lois de la République. Sachant que l'avenir du pays repose sur la jeunesse, il est tout à fait normal qu'elle soit formée. Nous sommes en train de voir comment l'insérer dans le programme de l'éducation scolaire. Je suis donc heureux que vous soyez dévoués à apprendre. Tout ce que je vous demande, c'est le respect des lois de la République, ce qui est aussi un acte de civisme. Nous allons donc suivre la procédure normale pour l'organisation de votre Forum*». L'assistance fut satisfaite des propos de son président. Il demanda spécialement à Bakanh de rester pour un entretien entre amis. Dès le départ des autres, il l'invita dans son bureau. Le président, après avoir fait un tour d'horizon de ses activités sociopolitiques, tenta de convaincre Bakanh de se rallier à sa cause en ces termes :

– Je te sais dévoué pour le bien-être de notre peuple. Mais il ne suffit pas de rester loin du peuple pour lui souhaiter de meilleures conditions de vie. Ta contribution, qui sera qualifiée d'actes concrets, c'est de servir officiellement ton pays. Tu n'as pas aimé le poste de ministre des affaires étrangères, c'est pourquoi tu n'as pas donné suite à mon offre. Je veux pour cela te proposer un poste d'ambassadeur. Il te revient de choisir le pays où tu veux aller. Je souhaiterais que tu ailles en occident, car tu t'y connais et tu pourras mieux y vendre notre image. Bakanh resta pensif pendant un certain tcmps avant de répondre :

– Encore une fois, je vous remercie pour l'offre que vous me faites. C'est un grand honneur que je reçois de votre part. Cependant, je vais me retirer pour cette fois-ci revenir vous donner ma réponse, qui pourra certainement vous plaire.

Bakanh, perdu dans ses pensées, n'arrivait pas à comprendre cette offre. Etait-ce son destin ? Un poste d'ambassadeur était honorable. Ce poste, comme premier emploi, n'était pas donné à tous. Il voyait tous les privilèges qui accompagnaient cette nomination. Il pourrait exercer une telle fonction toute sa vie, s'il y prenait de l'expérience. De plus, il connaissait l'occident. Il savait qu'il pouvait mener de grandes actions pour le développement de son pays. Cependant, que ferait-t-il de cette jeunesse qui voulait apprendre auprès de lui ? Déjà, il pensait à l'opinion de ses camarades à son égard. Quelques instants plus tard, il décida d'aller rendre visite à son ami Saki pour lui faire part de la nouvelle proposition du président. Il monta les marches jusqu'au troisième étage, où se trouvait la chambre de Saki.

– Ben, dis donc, je commençais à m'inquiéter, dit Saki, avant de poursuivre : le président est donc devenu un grand ami pour toi ? Ce qui veut dire que j'obtiendrai un emploi bientôt… Bakanh ne trouvait pas rigolo ce dilemme dans lequel il se trouvait. Vu l'inquiétude de son ami, Saki chercha à en savoir plus. Après avoir écouté religieusement Bakanh, Saki lui dit avec franchise :

– Si je raisonne en tant que jeune, je dirai que tu t'es servi de nous pour t'offrir une nomination. Mais en tant que ton compagnon de lutte, je t'encourage à accepter ce poste. Penses-tu pouvoir combattre ce monsieur en restant hors de son cercle ? N'oublie pas qu'il est le plus rusé de tous les politiciens de ce pays. Il veut t'affecter à l'étranger parce que tu es en train de lui arracher sa côte de popularité. Tu es comme un rival pour lui. Si tu restes ici, il trouvera un autre moyen de t'éliminer. Et d'ailleurs, il t'a déjà indexé dans cette histoire de Forum. Je pense que de l'étranger, tu peux nous soutenir d'une manière ou d'une autre.

Bakanh trouva sage la proposition de son ami. Cependant il ne baissa pas les bras. En collaboration avec l'opposition, il décida de continuer sa lutte pour une élection démocratique. Une réunion fut à cet effet convoquée. La visite chez Topé fut riche en idées. Une réunion des partis de l'opposition fut convoquée immédiatement. Au terme de cette réunion, d'importantes décisions furent arrêtées. Pour une élection crédible, il faudrait qu'elle soit supervisée par des observateurs nationaux et internationaux. Les journaux de l'opposition et la presse internationale se firent un large écho de cette déclaration, qui fut l'une des grandes premières de l'opposition. Le président à son tour intervint à la télévision nationale . Il fit savoir qu'en cette période sensible, des individus, ennemis de la paix, tenaient des propos visant un soulèvement de la population contre sa personne afin d'atteindre leur objectif, qui n'était rien d'autre qu'un coup d'État. Il cita de façon claire l'opposition et indiqua que les précédents événements étaient une action bien structurée pour le détrôner. Pour lui, que les observateurs viennent de l'office international pour la supervision des élection(OISE) ou des pays voisins, il n'y avait aucun intérêt. Mais il lui appartenait de choisir celui qu'il voulait. Et qu'il avait d'ailleurs à plusieurs reprises tenu tête à l'OISE à propos des élections. Il indiqua que malgré ce fait aucune dénonciation de fraude n'avait jamais eu lieu dans son pays. Par conséquent, il n'était pas obligé d'accepter la présence des observateurs de l'OISE. Il mit l'opposition en garde et menaça d'arrêter quiconque insisterait sur cette proposition. Sous l'impulsion de Bakanh, l'opposition décida de saisir directement l'OISE. Une note fut adressée au président de l'office, qui à son tour adressa un courrier à Aska pour en savoir plus sur la situation qui prévalait dans son pays. Vu la réaction du président de l'OISE, qui pourrait encore ternir son image à travers le monde, Aska l'invite à venir constater les faits de lui-même.

Depuis le règne Askah, c'était la première fois qu'un émissaire de l'Office international pour la supervision des élections arrivait au Mindanh. Son séjour se passa dans une ambiance conviviale. Il organisa une concertation entre les différentes parties. Il devrait y avoir un communiqué annonçant les mesures prises au sortir de cet entretien. Mais à la surprise générale, Aska annonça le départ précipité de l'émissaire pour une urgence dans un autre pays. Quant à l'opposition, le président y était pour quelque chose. Très vigilante sur la question, elle décida de se faire entendre. Ainsi, elle fit passer une annonce sur les chaînes privées pour la tenue d'un meeting le lendemain. La place de la Paix fut prise d'assaut dès les premières heures. Les médias internationaux furent invités. Tous les responsables des partis politiques s'installèrent sur l'estrade. Partisans de l'opposition, étudiants, hommes de métier, femmes, tout le monde était impatient d'écouter Topé. C'était une grande première, dans l'histoire du pays, de voir l'opposition tenir un si grand meeting en plein cœur de Kobla. Le secrétaire général des partis de la gauche n'eut pas le temps de saluer l'assistance que la police chargea. Ce fut la déroute. Les jeunes répliquèrent à coup de pierres. Très rapidement, les responsables des partis politiques se fondirent dans le public. Bakanh s'éclipsa discrètement. Une fois de plus, l'intervention musclée de la police endeuilla des familles. La police se retrouva face à une population en colère. Les populations des autres villes descendirent progressivement vers Kobla. Certains venaient pour se joindre à la manifestation, d'autres par simple curiosité. À deux semaines des élections, le pays plongea dans le chaos. Vu le nombre de manifestants, qui s'accroissait de jour en jour, la police repensa sa façon d'agir en se résolvant plutôt à les encadrer. Les voleurs profitèrent du désordre pour piller toutes les grandes surfaces commerciales de la capitale. Pour l'opinion internationale, ces manifestations rimaient avec tentative d'insurrection. Un appel fut lancé aux leaders des partis de l'opposition afin qu'ils ramènent leurs partisans à la raison. Les élections étaient proches. Il était préférable de faire partir Aska du pouvoir par les urnes. Mais que pouvait faire un leader devant un manifestant qui ne criait pas pour la cause du parti, mais pour son avenir et celui de sa progéniture ? La police, face à cette foule nombreuse et diverse, prit la décision d'occuper les points stratégiques de la ville. Elle abandonna la place publique pour dresser un rideau assez solide autour de la résidence et le palais présidentielle. Ceux qui n'avaient pas pu rejoindre la résidence du président s'étaient débarrassés de leur treillis pour ne pas se faire identifier. Chaque treillis ramassé suscitait un cri de triomphe. Vu la démission des militaires, les partisans d'Aska prirent la relève. Armés de gourdins, machettes, couteaux et quelques armes à feu, ils vinrent contre les manifestants. Une bagarre sans merci fut livrée entre les deux camps. Quelle boucherie ! Ce fut la manifestation la plus meurtrière du pays. Les organismes internationaux apportèrent des aides humanitaires pour l'assistance des blessés et la protection des plus faibles. Les manifestants restèrent sourds aux appels de la communauté internationale. L'objectif était de faire partir Aska du pouvoir. Ils avaient la conviction d'y arriver, puisque son armée et ses partisans n'avaient pas pu leur résister. Son domicile était protégé par trois rideaux de militaires et de policiers. La riposte pourrait être fatale pour les mécontents, s'ils tentaient d'y accéder. Les plus courageux tentèrent quelques assauts à l'aide d'explosifs artisanaux. Les gardes n'hésitaient pas à tirer à balles réelles quand ils étaient agressés. Un rassemblement se fit à cinquante mètres du premier rideau. Des émissaires furent dépêchés par la communauté internationale. Pour cela, l'aéroport fut libéré par les manifestants, au nom de l'image du pays qu'ils voulaient restaurer. La délégation, accompagnée de certains experts de l'Office, fit réunir les opposants et le président de la République pour un accord de paix. À la fin de la concertation, un appel fut lancé à l'endroit des manifestants pour la cessation des hostilités. Le président venait finalement d'accepté la présence des observateurs de l'Office. Leur porte-parole fit savoir qu'il n'était pas question d'accord politique. Leur désir était de voir ce président, qui n'avait aucun respect pour son peuple, partir du pouvoir. Il expliqua que leur manifestation était liée à l'assassinat de personnes depuis le début de la crise. Il indiqua que les vrais gouvernants du pays étaient les populations qui le composaient. Pour cette raison, le peuple devrait être associé à toutes les décisions. La délégation, s'étant rendu compte de la vraie cause des manifestations, alla à la rencontre de la population. Celle-ci exigea la présence de Bakanh qui, depuis le début de la crise, était sous la protection d'un groupe de jeunes volontaires. Arrivé sur les lieux, il aida la délégation de la communauté internationale à convaincre les manifestants:

Chers parents, je suis aussi indigné que vous. Ce sont mes frères et sœurs qui ont été assassinés dans ces affrontements insensés. Nous n'avions pas besoin de cela pour résoudre nos problèmes. Comprenez que c'est par ces faits banals que surviennent les guerres civiles. Nous n'avons passé qu'une semaine dans la crise et il y a plus de cinq cents morts. La ville est en train de tomber en ruine. Si nous ne nous arrêtons pas un instant pour privilégier le dialogue, nous allons continuer d'être endeuillés. De toute façon, le président est en train de revenir sur sa position. La victoire est donc acquise. Allons discuter et posons nos conditions pour que le monde entier sache que ce pays appartient effectivement au peuple, et non à un groupe d'individus.

Comme d'habitude, lorsque Bakanh parlait, la population adhérait. Une rencontre tripartite fut organisée entre la population, les partis politiques et le pouvoir. Bakanh fut choisi comme porte-parole de la population à cette occasion. Les facilitateurs réussirent à rassembler les trois entités en conflit autour d'une table. Il fut convenu, au sortir de cette réunion, que les familles endeuillées seraient dédommagées. Le Forum des jeunes se tiendrait dans une semaine. Sur le plan politique, compte tenu de la crise, les élections seraient reportées à trois mois. Sur proposition de l'opposition, la commission électorale serait composée des représentants des partis politiques, de la société civile, dirigée par deux représentants de l'Office international pour la supervision des élections. Les équipes de supervision des bureaux de vote auraient la même composition.

Pour reprendre le contrôle de son effectif militaire, Aska convoqua une réunion le lendemain de l'accord. Elle concernait tous les officiers de l'armée. Il leur affirma sa désolation à propos des derniers événements, avant de leur indiquer qu'il était temps de mener harmonieusement leurs actions. Il précisa que l'extérieur voulait les chasser du pouvoir, vu les résolutions qui étaient prises. Et son départ signifiait la descente en enfer de tous ces officiers qui avaient exclusivement servi sa cause, au détriment de la nation. Il les invita à motiver les soldats de sorte qu'ils puissent adopter une autre stratégie pouvant les maintenir au pouvoir. Pour faire preuve de bonne foi, il leur promit une augmentation de salaire. Face à cette situation délicate, ils ne pouvaient qu'accepter la proposition du président. Ils savaient qu'on les traduirait en justice pour crimes contre l'humanité si leur maître partait du pouvoir. Après avoir convaincu l'armée, Aska réunit son gouvernement et mit en garde la petite poignée qui n'était pas de son bord :

– Vous, si vous êtes au sein de mon gouvernement, sachez que nous sommes tous responsables de ce qui arrive. Je vous invite donc à coopérer, sinon nous coulons tous.

Il s'agissait dans un premier temps de faire sortir leurs familles du pays avant la prise des grandes décisions. Les concertations se multiplièrent au palais. Après les ministres, ce fut le tour des magistrats, et ensuite des députés. Il fit le tour de toutes les institutions du pays afin qu'elles parlent d'une même voix. Après avoir fini les concertations, Aska apparut à la télévision pour la première fois depuis les dernières crises. Il s'excusa auprès de la population pour les décès survenus lors des malheureux évènements. Il fit savoir que son intention n'avait jamais été de confisquer le pouvoir. Son discours impressionna la population. Les journaux en parlèrent longuement. Certains dirent que le président avait demandé pardon au peuple. D'autres affirmèrent qu'il n'était pas aussi méchant qu'on le croyait. Soixante-douze heures plus tard, le président du Parlement lut une déclaration de son institution :

– Mesdames et messieurs, bonsoir. Le Parlement, en ce jour, vient vous donner sa position en ce qui concerne les accords sur les élections, qui ont été signés il y a quelques jours. L'ensemble des députés de notre République tient à souligner que Mindanh est une nation souveraine. Pour le règlement de ses différends, il est intéressant que ses fils et filles s'asseyent pour discuter. C'est ce qui a été fait. Nous tenons à vous féliciter et à féliciter la communauté internationale. Cependant, notre souveraineté signifie non-ingérence dans nos affaires intérieures. C'est pourquoi nous disons que les décisions prises lors de la concertation avec l'opposition étaient l'œuvre de l'Office. Par conséquent, le Parlement, organe d'adoption de toutes les mesures législatives, déclare nulles et non avenues toutes ces résolutions auxquelles elle n'a pas été associée. Je vous remercie.

La Cour suprême emboîta le pas au Parlement le jour suivant. Ensuite vint le tour de la Cour constitutionnelle. Toutes ces déclarations furent précédées de couvre-feu et d'état d'urgence qui ne disaient pas leur nom. Tout rassemblement était dispersé par la police. Kobla fut envahie d'hommes en treillis. Il fut interdit à tous les hommes politiques de sortir du pays. Toutes les manifestations de rue furent interdites. Kobla était sous haute surveillance. L'intention d'Aska fut clarifiée par le Parti républicain de la nouvelle génération (PRNG) et l'Union démocratique nationale (UDN), deux partis politiques issus de celui d'Aska à l'annonce de l'ouverture des candidatures aux élections présidentielles. Ils regroupaient en leur sein les jeunes travailleurs se disant frustrés par les dirigeants de leur ex-parti. Ces deux nouveau-nés décidèrent d'être les concurrents d'Aska en invitant les autres partis à aller aux élections. Des jeunes munis de mégaphones investirent les quartiers le jour des élections. Ils invitèrent la population à se rendre dans les bureaux de vote. Les trois partis en compétition étaient représentés dans les différents groupes de sensibilisation. Chaque votant avait droit à de l'argent pour son déjeuner. Les jeunes en âge de voter s'y rendirent massivement pour bénéficier de cette somme, d'autant plus qu'il n'y avait pas d'enjeu puisque les autres partis avaient décidé de ne pas être candidats. Les résultats furent proclamés tard la nuit. Il n'y eut pas de deuxième tour ; Aska se succéda à lui-même avec quatre-vingts pour cent des suffrages exprimés, avec un taux de participation de quarante pour cent, selon les organes en charge des élections.

Il appela Bakanh à sa résidence dès sa prestation de serment.

– Mon petit, tu as passé ton enfance chez les Blancs et je ne suis pas surpris de t'entendre parler de liberté de choix des populations. Là-bas, les riches sont nombreux. Chacun est puissant financièrement. Tout le monde a le droit de parler sans être inquiété. Mais chez nous, ici, la démocratie, c'est le choix de celui qui a le pouvoir de l'argent. Tu n'y peux rien, c'est comme ça depuis les temps de nos ancêtres. C'est la continuité du pouvoir traditionnel. Penses-tu que notre société pourrait vivre en se dépouillant de toutes ses valeurs ancestrales ? Tu es encore très jeune, c'est pourquoi tu ne comprends pas. Tu es aussi très intelligent, je ne veux pas que tu passes toute ta vie en exil. Prends ta famille et rejoins ton poste d'ambassadeur. La vie est encore longue devant toi, mon fils.

Bakanh savait qu'il n'avait pas d'autre choix que d'accepter ce poste. Il devrait retourner d'où il était venu, espérant que la nouvelle génération l'aiderait à donner un nouveau souffle de vie à la lutte. Il porta la nouvelle à Nsi, dont la santé se dégradait de jour en jour. Pour s'assurer de la bonne prise en charge sanitaire de son grand-père, il demanda à Saki de l'accompagner régulièrement à la clinique qui assurait sa couverture médicale.

Désormais, Bakanh faisait partie des collaborateurs d'Aska. Il mena de vastes actions de coopération entre son pays et l'étranger. Plusieurs accords de développement furent signés. Cependant, au pays, aucune retombée de ces accords ne se ressentait sur la population. Il fit ce constat lors de sa venue aux obsèques de son grand-père Nsi. Le président avait reconstruit ses entreprises détruites pendant la crise, faisant croire à des investissements publics. Lorsque le jeune ambassadeur voulait en savoir plus, le président répondait qu'il lui appartenait au contraire de contrôler ses collaborateurs. A ce sujet il rappela à Bakanh qu'il travaillait sous ses ordres, lui, le chef de l'État du Mindanh, et non le contraire. Et qu'il avait intérêt à faire son travail dans le strict respect de l'autorité. La collaboration devenait de plus en plus difficile. Depuis quelques jours, le président ne prenait plus les appels de Bakanh. À Kobla, c'était la confusion totale. Tout était devenu cher. Les riches le devenaient de plus en plus, pendant que le peuple ployait sous le poids de la misère. Au plan politique, Aska prenait des lois liberticides pour empêcher quiconque voulant s'exprimer. La jeunesse n'arrivait plus à organiser ses manifestations. Saki n'arrêtait pas de solliciter Bakanh pour intervenir auprès du président. Face à cette situation intenable, Bakanh donna sa démission. Il annonça officiellement sa démission sur les chaînes étrangères. Il affirma que collaborer davantage avec le régime d'Aska serait d'être complice du mal qui arrivait à son pays. Pour lui, la lutte pour la démocratie dans son pays serait un long et difficile parcourt. Cependant il était judicieux de mieux s'organiser et de la conquérir sans toutefois faire recours à la violence.